A Book of Barrett

シド・バレット読本

ピンク・フロイドを創った男とブリティッシュ・アンダーグラウンド

JN119501

シー・エミリー・プレイ　訳：茂木信介

エミリーは頑張ってる でも 誤解してるんだ
彼女はしょっちゅう 誰かの夢を翌日まで 借りちゃったりする
他の日じゃ だめなんだ
別のやり方を試してみようよ
きみは気が変になってしまって 遊ぶんだね
5月に 気ままなゲームを
エミリーが遊ぶのを見つめよう

日が落ちるとすぐに エミリーは泣き出す
悲しげに森の中を見つめながら 明日までほとんど音もなく
他の日じゃ だめなんだ
別のやり方を試してみようよ
きみは気が変になってしまって 遊ぶんだね
5月に 気ままなゲームを
エミリーが遊ぶのを見つめよう

地面に触れるほど長いガウンを着るんだ
川面を漂うんだ ずっとずっとね、エミリー、エミリー
他の日じゃ だめなんだ
別のやり方を試してみようよ
きみは気が変になってしまって 遊ぶんだね
5月に 気ままなゲームを
エミリーが遊ぶのを見つめよう

この歌も、ケネス・グレアムの『たのしい川べ』に描かれた世界観に強く影響されている。
茂木信介訳『シド・バレット全詩集 サイケデリアの天才が生み出した世界
――ピンク・フロイドからソロ作まで』(2023年　DU BOOKS) より

See Emily Play

Emily tries but misunderstands
She's often inclined to borrow somebody's dreams till tomorrow
There is no other day
Let's try it another way
You'll lose your mind and play
Free games for May
See Emily play

Soon after dark Emily cries
Gazing through trees in sorrow hardly a sound till tomorrow
There is no other day
Let's try it another way
You'll lose your mind and play
Free games for May
See Emily play

Put on a gown that touches the ground
Float on a river forever and ever, Emily, Emily
There is no other day
Let's try it another way
You'll lose your mind and play
Free games for May
See Emily play

バイク　訳：茂木信介

自転車を持ってるんだ、よかったら 乗ってもいいよ
バスケットに、りんりん鳴るベルに そして いい感じのパーツがたくさん
できれば きみにあげたいな、でも 借りものなんだ

きみは ぼくの世界にぴったりくる女の子
なんでもあげるよ、きみが欲しいもの なんでもね

マントを持ってるんだ、冗談みたいにちっぽけな代物さ
前が裂けててさ、赤と黒でさ、何ヶ月もずっと持ってたんだ
きみがいい感じだと思うなら、きっとそうだろうね

きみは ぼくの世界にぴったりくる女の子
なんでもあげるよ、きみが欲しいもの なんでもね

ネズミを知ってるんだ、あいつは宿無しなんだ
なぜだかぼくは あいつを ジェラルドって呼んでいる
けっこう歳くってるんだけど、あいつはいいネズミだよ

きみは ぼくの世界にぴったりくる女の子
なんでもあげるよ、きみが欲しいもの なんでもね

ジンジャーブレッドマン*の一族を持ってるんだ
ここにも、あそこにも、ジンジャーブレッドマンがいっぱいさ
お望みなら ちょっとどうぞ、お皿の上にあるからね

きみは ぼくの世界にぴったりくる女の子
なんでもあげるよ、きみが欲しいもの なんでもね

音楽が鳴り響く部屋を知ってるんだ
いくつかの音韻、いくつかの音色、そのほとんどは時計仕掛けさ
さあ別の部屋に入り込んで その音楽を鳴らそうよ

*ジンジャーブレッドでつくった人型クッキー
茂木信介訳『シド・バレット全詩集 サイケデリアの天才が生み出した世界
――ピンク・フロイドからソロ作まで』(2023年　DU BOOKS) より

Bike

I've got a bike, you can ride it if you like
It's got a basket, a bell that rings and things to make it look good
I'd give it to you if I could, but I borrowed it

You're the kind of girl that fits in with my world
I'll give you anything, everything if you want things

I've got a cloak, it's a bit of a joke
There's a tear up the front, it's red and black, I've had it for months
If you think it could look good, then I guess it should

You're the kind of girl that fits in with my world
I'll give you anything, everything if you want things

I know a mouse, and he hasn't got a house
I don't know why I call him Gerald
He's getting rather old, but he's a good mouse

You're the kind of girl that fits in with my world
I'll give you anything, everything if you want things

I've got a clan of gingerbread men*
Here are men, there are men, lots of gingerbread men
Take a couple if you wish, they're on the dish

You're the kind of girl that fits in with my world
I'll give you anything, everything if you want things

I know a room of musical tunes
Some rhyme, some ching, most of them are clockwork
Let's go into the other room and make them work

CONTENTS 目次

cover & p6 photo by Aubrey Powell
p1 photo by Gems
p7 photo by Andrew Whittuck

Photo by Chris Walter

シド・バレットと シュレーディンガーのチェシャ猫たち

映画『シド・バレット　独りぼっちの狂気』が語る歴史《ヒストリー》と物語《ヒズストーリー》

松村正人

２０２４年5月公開の映画『シド・バレット　独りぼっちの狂気』はエンドロールの末尾に「この映画におけるインタヴュー対象者の発言は個人の回想と見解にもとづくものであり、制作者の意見を反映したものでも、歴史的事実《ヒストリカルファクト》でもありません」と（英語で）観客に注意をうながしている。内容だけみれば、よくある一文で、総勢40名以上、本編に登場しないひとや準備段階をふくめると、もっと多くのひとたちがかかわり、めいめいのことばを発したにちがいない『シド・バレット　独りぼっちの狂気』にして当然すぎるほど当然の但し書きであろうが、彼らが語ることばのすべてがシド・バレットというとりとめのない人物をめぐるものであれば、このセンテンスはいささか暗示的なふくみをもつ。

私はいま「とりとめのない」と書いたが、ピンク・フロイドというギネス級の実績を誇るロックバンドの創設者であり、初期のシングル「アーノルド・レイン」「シー・エミリー・プレイ」でヒットを飛ばしながら2枚目のアルバム『神秘』の完成をみることなくバンドを抜け、２枚のソロ作をのこしたのち、70年代を無為のうちにすごし、80年代以降は地元ケンブリッジに隠棲し、ときおりマスコミの好奇の視線にさらされても、二度と表舞台に姿をみせることなく、２００６年7月7日に膵臓がんと糖尿病の合併症でついに世を去った――、しばしばこのように要約できるシド・バレットの経歴に、いまさらつけくわえることはとくにない。未発表の音源もあらかた出尽くしたであろうし、活動期間とその密度をふまえれば、史料に資する記録はあっても、よほどの愛好家でなければ耳をそばだたせる音源がみつかるとも思えない。他方、ロジャー・キース・バレット、１９４６年1月6日、ケンブリッジのグリッソン・ロード60番地に医師であるアーサー・マックス・バレットと妻ウィニフレッドのあいだに、５人兄姉の4番目として生をうけ、長じて絵画に、ついで音楽の才を発揮し、シドと名乗る以前と以後のロジャー・キース・バレットの生、ことに後半生はいまもまだ余白のままのこっている。むろん余白は埋めるためのものではなく、余白とはいいながら、そこには日々の暮らしがあり、ささやかな楽しみも怒りも悲しみもあれば、そもそも余白などと呼ぶべきではない。映画の作中での5兄姉ではいちばんの仲良しのローズマリーの証言をときおりかすめる怒気にはこのような批判とも諦念ともつかぬものが籠もっており、それは前世紀末から今世紀初頭にかけて、より身近になったケアや介護、公共の福祉などの変化がもたらす親密圏や当事者性の時代的推移ともおそらく表裏の関係にある。兄の人生は音楽やアートや文化や歴史などといった大所高所、あるいはサブカルチャーという低所から見晴らせるものではない、という私的領域からの指摘があれば、他方にはピンク・フロイドの創始者にして狂気の天才という客観化、一般化をへてすでに歴史化しているシド・バレット像というものもある。映画『シド・バレット　独りぼっちの狂気』はこのような見立てを両極に、いずれかに軍配をあげるというより、両者を複眼視するなかに新たなシド・バレット像をたちあげる試みだと、まずはいえるのではないか。

よすがとなるのは記憶である、それも複数の記憶。上にも書いたとおり、本作には40名以上の人物がなんらかのことばをのこしている。最初こそナラティヴが先導するが話者はじきに姿を隠し、登場人物の対話が作品を構造化していく説話構造をとっている。

語りの力線は基本的にクロノロジカルなので、時制が前後し混乱をきたすことはない。その点ではすんなり腑に落ちるつくりになっている。

冒頭にはエピグラフを置いている。米国の作家ドン・デリーロの『グレート・ジョーンズ・ストリート』の一節で、翻訳は未刊行だが、梗概を述べると、メルヴィルのバートルビーさながらグレート・ジョーンズ・ストリートのアパートにひきこもり活動を停止した、ディランを彷彿する主人公の未発表音源「マウンテン・テープス」をめぐるポストモダンな暗闘をえがいた音楽小説ということになろうか。

導入ののち、場面は無人の映像にきりかわる。テープから流れる小さな声はソロ作や発掘音源などで耳なじみになったバレットそのひとのものだが、姿はみえない。すると場面はシド・バレットの訃報を伝えるニュース画像にきりかわり、ピンク・フロイドにおよぼした影響の大きさを語るアナウンサーの声が、シドとフロイドの関係が本作の主題であることをうかびあがらせる。両者の関係はいうまでもなく、バンドとそのメンバーだが、主従関係は一定ではなかった。シドという突出した存在に依存していた初期からデビューをはたし、ヒットを飛ばし、ドラッグの沼に足をとられ、追放さながらの脱退劇——というにはどこか淡泊な一幕をへてなお、のちにロックの殿堂に名を連ねるバンドにのしあがっていく前者と、奇跡的に奇妙なソロ作をのこして表舞台を去る後者の立場は、脱退から数年後には入れ替わっており、この逆転劇こそが両者の関係に、事後的で遡行的な影響をおよぼしていく。あのシドがいたフロイドから、あのフロイドにいたシドという主従の顛倒は、彼らの関係をより複雑に、それ以上に魅力的に装飾し、多くのものの口の端にくりかえしのぼることで都市伝説のように伝播し定着した。

シドがフロイドを去って半世紀の時間はその言説を伝説化するには十分な時間であり、本作も大きくみればそのひとつのかもしれない。冒頭の「シドなしにわれわれは存在しなかった」というロジャー・ウォーターズの告白、シドをさして「アンダーグラウンド・カルトの聖人」というピーター・ジェナーの発言、聖人や預言者になぞらえる精神科医、行動者、究極の一匹狼、なぞめいた人物——等々、シドをさすことばの数々は賛辞というべきものだが、そのような文言はより過剰に、やがては類型的に変化するのが世の常というもの。ましてやSNS以後の世界では当事者の死は倫理的に口を噤むことよりも放縦さへの免罪符になりかねない。

この冒頭の場面がシド・バレットという名辞の現在地をしめすならば、つづく五つのパートはそこにいたる道程である。

五つのパートはシドの実人生に沿っており、以下のように要約できる。

第1章「Set The Controls」ケンブリッジでの幼少期からバンド結成まで

第2章「Interstellar」ロンドンに出て、メジャーデビューをはたすが、サイケデリック文化とりわけドラッグにのめりこみ変調をきたす

第3章「Obscured by Cloud」ソロ時代からケンブリッジに戻るまで

第4章「Divided Self」ふたたびロンドンに戻り、フロイドの録音にあらわれる

第5章「Make Your Name Like A Ghost」ケンブリッジに戻り隠棲して以降

音楽的に充実している2〜3章がもっとも厚いが、それ以外にむしろ発見が多い。たとえば第4章のトピックのひとつである『炎』収録の「シャイン・オン・ユー・クレイジー・ダイアモンド」を録音中のスタジオに、不意に別人のような容貌のシドがあらわれたというエピソード。ファンならずとも、音楽好きならどこかで耳にしたことがあるこの神話的なエピソードを居合わせたひとたちの肉声と写真で証言する場面には伝聞や再現ドラマとはことなる臨場感をおぼえた。ああやっぱほんとうだったんだ、と思う一方で、それでなにがあったわけではなく、ひきつづき仕事をつづけたというニック・メイスンのなかなかに散文的な発言に、現実とはじっさいそのようなものかもしれないと思い直すような、暴露的ではないリアリティを感じたとでもいえばいいだろうか。

おそらくそこには語り口がかかわっている。ただし本作の語り口は二重化している。作中でおもにインタヴュアーをつとめるヒプノシスのストーム・トーガソンと取材対象の関係性が導く対話自体ないしその細部と、それらを素材として切り貼りするなかで生じる映画そのものの運動性としての語り口である。

個別の対話ではシドの古くからの友人であるトーガソンが聞き役をつとめたことで、取材を受

Photo by Andrew Whittuck

ける側にも余計な緊張を強いることなく、全編がリラックスしたムードにあふれている。

　ＬＳＤがどれだけ好きだったかとか、逆に毎朝シドにドラッグを飲ませていたなんてそんなことあるか的なコメントとか、熱烈なラブレターをもらったとか、私に飛びかかってきたとか、婚約者との両家同席の食事会の途中で髪をばっさり切って戻ってきたとか、文字面だけだとフリーキーな逸話の数々は、その語り口ゆえ生のままの真実味を帯び、その集積は作中の記録映像に登場するＲ・Ｄ・レインを支持した、フーコーのいう「狂気それじたいの歴史」をかたちづくるかにもみえる。であれば、それらはこのフランスの思想家がいうように、けっして詩にならないイマージュとなり、けっして覚醒の色調をおびない幻覚《ファンタスム》となるのか――とはあまりに20世紀的な立論だとしても、対象が不在であれば、科学的で実証的な、おそらくは21世紀的なアプローチにもおのずと限界がある。

　いきおい現存する記録と資料によるほかないが、本作はあたうかぎり多くの声と資料を集めることで対象の不在をおぎなおうとする。その点でも、古くからの友人であるトーガソンの人脈は欠かせなかった。４ダースほどにのぼる出演者のうちわけは友人、知人、旧友、悪友、ガールフレンドはもとより、音楽家、レコードプロデューサー、芸術家、精神科医、哲学者、批評家に劇作家と多岐にわたる。本作の大部分は彼らの語ることばだが、制作者は（いくらかの例外はありつつ）特定の発言者や発言内容を特権化することなく、ひとしなみにとらえることで、手垢にまみれたシド・バレット像の呪縛を解こうとするかのようでもある。

　かわりにあらわれるのは１９６０年代末という時代であり、アシッドという物質をふくむサイケデリックという現象でありロンドンという都市の相貌である。

　監督のロディ・ボガワは出演者の証言とアーカイヴ資料を駆使し、シドのいた時代を映画の運動のなかにたちあげようとする。「アーノルド・レイン」や「星空のドライブ」のスタジオライヴ、

ＵＦＯクラブのフロアはむろんのこと、プライベートフィルムの断片やフライヤー、キャリア全般にわたるシドの写真の数々、ファンや研究者ならずとも耳目を捉える場面もいくつもある。特筆すべきは、ピーター・ホワイトヘッドやアンソニー・スターン、ミック・ロックら、語り手たちの仕事を本編にフィードバックすることで、シドのいた時代とはまた彼らの時代であったことをほのめかす点である。

そのことをたしかめるべく、40人からの人々がシドの名のもとに集まった。ボガワとストームが苦労して集めたかにみえるが、それはじっさいそのとおりなのだろうが、ファクトとは無関係に彼らはいつのまにか集ったのである。手にはそれぞれの記憶をたずさえている。それらを手札のように出し合い、重ね合わせるなかに『シド・バレット　独りぼっちの狂気』がうかびあがる。別のやり方をすれば、まるでちがう映画になると思う——とは取材の席で監督がもらしたことばだが、発言の後背地にあるのは、シド・バレットという稀有のひとを固定的な人物像に収斂させるのではなく、描像のふくらみこそを主眼とする思考であろう。本作の原題「Have You Got It Yet?（わかったかい?）」は１９６７年の暮れにシドがバンドにもってきた幻の新曲で、やるたびに変化してサビはかならず「ノーノーノー」になるのだといって、ニック・メイスンは作中で苦笑するが、本作におけるシド・バレットの物語もまた、曖昧でうつろいやすい声と記憶のアッサンブラージュとして、ふれるたびに変化し、それまでとはことなる表情を私たちにとどけることになるかもしれない。あたかも観測しないかぎり、生きているか死んでいるかわからない量子論の思考実験に出てくる猫のように。いや、ことがシドだけに、その猫はアリスが木の上にみつけたのと同じように笑い顔だけのこして消えていってしまうのかもしれないけれど。

INTERVIEW / PETER BARAKAN

ブロードキャスター
ピーター・バラカン

十代の感覚にふれたシド・バレットの繊細さと洒落たおかしさ

「『シー・エミリー・プレイ』を聴くと十代のころがよみがえってきます。いまだに大好きです」

シド・バレットとピンク・フロイドについて語るとき、話題の多くは１９６０年代末の数年に集中する。彼らはそのころ、バンドを結成し、デビューを果たし、人気を博しながら、シドはほどなくそこを去ることになる。短くも色濃いこの数年を、同時代のリスナーはどのように捉えていたのか。１９５１年にロンドンに生まれ、十代半ばでデビューまもないピンク・フロイドの音楽に出会ったピーター・バラカンに、60年代末のロンドンの文化状況とあわせて話を訊いた。

——バラカンさんがはじめてピンク・フロイドを認識されたのはいつですか。

デビューしたときから知っていましたよ。「アーノルド・レイン」を聴いていました。女性の下着を盗む人の話だったよね。ＢＢＣではかけていなかったと思いますが、よく耳にした憶えがあります。レコードを買うまでにはいたらなかったけど、面白い歌だと思いました。あんな歌詞の曲を作る人はほかにはいないでしょうね。キンクスのレイ・デイヴィスやザ・フーのピート・タウンゼンドも歌詞の面白い曲をつくりますが、「アーノルド・レイン」のような題材は後にも先にもありません。ただ僕らの世代はそういうことでショックを受けるというほどでもなくて、でもクスクスっとくる、ちょっとユーモラスな感じでしたね。ピンク・フロイドがデビューした１９６７年のはじめごろはまだプログレという言葉もなかったですから。

——彼らの音楽はどのように呼ばれていたのでしょう。

　アンダーグラウンドだったかな。まったく新しいタイプの音楽でした。アルバムの前にまず「アーノルド・レイン」が出て、そのころUFOクラブというオールナイトのイヴェントが週に一度ロンドンの中心部で開催されていました。僕はそのころまだ15歳でしたから行かせてもらえなかったですが、ピンク・フロイドはほぼ毎週、そのイヴェントで油を挟みこんだフィルターをつかったサイケデリックなライト・ショーとともにスペーシーな演奏をくりひろげていました。この時期のロンドンを記録した『トゥナイト・レッツ・オール・メイク・ラヴ・イン・ロンドン（Tonite Let's All Make Love in London）』というドキュメンタリー映画に、ピンク・フロイドが「アストロノミー・ドミネ」などを演奏する場面があります。ちょっとブルーズっぽくて、粗い感じですが、それまでのイギリスのロック界にはない新しさを感じさせます。ピンク・フロイドの最初のアルバムは、デヴィッド・ギルモアは参加していませんし、ロジャー・ウォーターズがつくった曲が1曲だけ、バンド全員が2曲、あとは全部シドの曲です。「バイク」や「スケアクロー」のようなちょっとフワッとした感じが当時のピンク・フロイドの特長ですね。フォークっぽさもあるんだけど、ちょっと変わったユーモラスなかわいらしい感じです。

——「かわいらしい」という印象なんですね。

　ソフトな感じの曲にはそういう印象がありました。あのアルバムのあと「シー・エミリー・プレイ」のシングルが大ヒットします。「アーノルド・レイン」はヒット・チャートで19位でしたが、「シー・エミリー・プレイ」は曲も一度聴けば絶対に忘れないですし、キーボードの使い方など、サウンドも印象的です。結局6位の大ヒットです。

——6位ともなるとラジオで耳にする機会も増えそうです。

　当時のロンドンはBBCと海賊ラジオがいくつかありました。「シー・エミリー・プレイ」は67年の春か初夏に出たと思いますが、67年の8月に「海洋放送法」という法律ができて海賊ラジオはなくなります。その後はBBCもかけるようになったんでしょう。彼らをラジオでいちばんかけたのはジョン・ピールだと思います。

——ジョン・ピールはすでにBBCの番組をもっていたんですか。

　ジョン・ピールがアメリカから帰ってきたのが67年で、レイディオ・ロンドンという一番人気の海賊ラジオで深夜番組をもっていました。それが67年の8月で終わり、9月にはＢＢＣにひきぬかれます。彼の番組は深夜だったから、僕はほとんど聴かなかったですが、海賊ラジオがなくなると、多くのＤＪがＢＢＣに移ってきました。ＢＢＣもリスナーが求めているものを無視できなくなったという事情もあります。局内の組織改革を経て、レイディオ1、2、3、4がたちあがります。それまでも3局でしたから実質チャンネルがひとつ増えただけかもしれないですが、レイディオ1は若者向けのポップ・ミュージックを専門的にかけるチャンネル、レイディオ2は三十代以上の人たちが聴くちょっと古いポップ・ミュージックがメイン、レイディオ3はクラシック中心で、レイディオ4はトーク番組やコメディやニュースといったトーク中心のチャンネルという編成になりました。

　ジョン・ピールはレイディオ1で「トップ・ギア」という番組を毎日やっていたと思います。夜のわりと深い時間でしたが、ほかの番組でかからないものを積極的にかけていました。すごく影響力がありましたよ。ピンク・フロイドもそうですが、キャプテン・ビーフハートがいちばん有名な例でね。彼がどんどんかけたから『トラウト・マスク・レプリカ』（１９６９年）がなんとイギリスのアルバム・チャートのトップ20に食い込むほどになった。ありえない話ですよ。フランク・ザッパ、ソフト・マシーン、インクレディブル・ストリング・バンド――いろんなタイプの音楽をかけていました。レイディオ1自体はメインストリーム寄りのチャンネルですからヒット曲やポップなもの中心ですが、ジョン・ピールはそうではなかった。

――いろんなところにアンテナを張っていたんですね。

　時代とともに新しいものをどんどんとりあげましたよ。パンクが出てきたころ、彼はすでに三十代半ばでしたが、やはり積極的にとりあげていました。

――視点や音楽の聴き方で影響を受けましたか。

　視点に関してはそうです。自分の好きなものを妥協せずに紹介しつづけるという姿勢はすごく好きでした。音楽の趣味は僕とそんなには重ならなかったですが、紹介の仕方は好きでした。余計なことはあまりいわないし、自嘲的な感じもあり、普通にしゃべる人でしたから。ほかのＤＪたちにはいわゆるＤＪ然とした奇を衒う感じもあって、リスナーのほうもＤＪとはそういうものと思い込んでいたかもしれませんが、ジョン・ピールは違いました。ただ、彼のあとに登場するチャーリー・ギレットは、更に「普通の人」という感じで、いまでいうルーツ・ミュージックのようなものをたくさんかけるＤＪで、僕の趣味とほぼ１００%合っていましたから、72年に彼が番組を始めると、そっちをよく聴いていました。

——フロイドはＢＢＣの「トップ・オブ・ザ・ポップス」というテレビ番組にも出演しています。

僕は「トップ・オブ・ザ・ポップス」は特別好きというほどではなかった。紹介の仕方がちょっとダサいし、チャート番組だからね。トップ20からしか選ばないし、出演者はみんな口パクでした。テレビ番組だと「レディ・ステディ・ゴー」のほうが面白かった。こちらもヒット曲は流れるけど、最後の1年ほどはライヴでした。でもなんだかんだで「トップ・オブ・ザ・ポップス」もみていたと思います。今回の映画で初めて知りましたが、シドはテレビで注目されて、金魚鉢のなかにいるような状態に耐えられなかった。それで結局辞めてしまうんですね。

——有名になることはシドにとっての負の側面があったのかもしれません。

ピンク・フロイドはそんなバンドじゃないと、たぶん彼は感じていたのでしょう。ヒット曲が出てテレビで騒がれるとレコード会社はどうしても同じようなものを期待するようになります。でも67年当時、そのことに気づいていたミュージシャンはほとんどいない。70年代以降もいたかといわれると、そんなに多くはないと思いますが、シドは67年の時点で、アイドルになってしまうと、もうお終いだと感じていたわけです。映画のなかで、テレビに3週連続出演する予定が、２回目は遅れてきて、3回目はすっぽかしたという場面があります。これはもう先見の明というか、ほんとうに有名税というものはどんな税金よりも高くつくということを感じとっていたのかもしれない。ものすごい繊細さだと思う。

——当時の音楽産業はいまほどシステム化されてはいなかったとは思いますが。

規模もぜんぜん大きくないし、冒険心もすごかった。でも彼にとって有名になることが耐えがたいことだったわけですよね。僕にとってあの映画のいちばん面白い場面でした。アーティスト・タイプの人間にとって、売れることは本質とは関係ないことですから。やりたいこと、表現したいことができなければ、なんのためにやっているのということになるのだと思います。シドはそういうタイプの人だったんですね。

それにＬＳＤの問題があります。あのころかなり多くのミュージシャンたちがＬＳＤをやっていました。

——イギリスでＬＳＤが法的に禁じられたのはいつからですか。

アメリカでは州によって異なりますが、１９６６年から段々禁止されていきます。イギリスでも66年ですね。もちろんドラッグはダメですよ、法律上は。ただミュージシャンたちはマリワナもＬＳＤもけっこうやっていました。66〜67年はもうサイケデリック時代のまっただなかです。

――66〜67年当時、ロンドンにもサマー・オブ・ラヴの雰囲気はありましたか。

67年のイギリスでは――。そうね、サマー・オヴ・ラヴはファッションですよね。アメリカだってそう変わりません。ほんとうのヒッピーはビートニクの延長線上にあるもので、せいぜい60年代のはじめぐらいまでです。60年代の半ば以降は、彼らのライフスタイルに憧れた若者たちがサンフランシスコに引き寄せられて、ファッションとドラッグの世界になってしまう。イギリスはもう完全にファッションでした。僕もね、若者だから染まっちゃいましたよ（笑）。ジミ・ヘンドリックスがデビュー・アルバムのカヴァーで着ていたようなジャケットを羽織ったりベル・ボトムのパンツを履いたり、そういうファッションを楽しみながらジェファスン・エアプレインとかドアーズとか、その辺の音楽を聴いていました。

――バラカンさんがそれ以前に聴いていたサイケデリック・ロックといえばどのようなものですか。

その最初がピンク・フロイドだったかもしれない。イギリスでは67年に入ってジミ・ヘンドリックスやクリーム、ピンク・フロイドに代表されるような新しいタイプのバンドがいきなり登場します。ソフト・マシーンは存在はするけれども、まだだれも知らない段階です。

――最大の象徴は『サージェント・ペパーズ』（1967年）ですよね。

全国規模でいえば、ピンク・フロイドの初期よりも圧倒的に『サージェント・ペパーズ』のほうがイギリスのサイケデリック時代を象徴するレコードといえるでしょうね。「ルーシー・イン・ザ・スカイ・ウィズ・ダイアモンズ（Lucy In The Sky With Diamonds）」はLSDのことだと、みんないっていました。ジョンはジュリアンが描いた絵のタイトルだといっていて、それもウソではないのでしょうが。ずいぶん後になって知ったのですが、『リヴォルヴァー』（1966年）の中にもLSDのことに触れている曲がありますよね。

――十代が認識するほどにLSDという用語は広まっていたということですね。

音楽雑誌に載っていましたから。いろいろ読んでいると「要注意だな」とは思いましたよ。ちなみに僕はやったことがないんです。友だちは全員やっていましたが、ある友だちに「おまえだけはやめたほうがいい」といわれたんです。つまり僕は自分の精神状態をつねに自分でコントロールしないと気がすまない人間で、LSDのことを当時「アシッド」と呼んでいましたけど、「お前みたいに神経質なやつはアシッドをやるとバッド・トリップするかもしれないから、やめたほうがいい」といわれて、結局やりませんでした。

――年齢の関係でUFOクラブは未体験ということですが、ほかにもイヴェントや、それらを開催する会場は当時、ロンドン市内にどれくらいありましたか。

高校生が行けるのはせいぜい10時とか10時半に終わるマーキーのようなクラブでした。ライヴ・ハウスという言い方は日本だけですが、日本でいうライヴ・ハウスは市内にも郊外にもたくさんありました。もちろんコンサート会場もありますし、パブの付属の会場みたいなものもあります。それらを含めて、みんなクラブと呼んでいました。UFOは金曜日の夜だけでしたが、長くはつづかなかったんですよ。UFOを仕切っていたふたり、ジョー・ボイドというレコード・プロデューサーと、ジョン・ホプキンズ――。

――ホピー・ホプキンズですね。写真家で「インターナショナル・タイムズ」にもかかわっています。バラカンさんは当時それらアンダーグラウンドな媒体を手にされていましたか。

「IT」は友だちの家に置いてあれば手にとるくらいでしたが、わざわざ買うことはありませんでした。「IT」のほかには「オズ」という雑誌もあったし、「プライヴェート・アイ」という政治を風刺感覚でとりあげている雑誌も人気がありました。ホピーがたしかマリワナの不法所持で逮捕されて刑務所に入ったところで、UFOはいったん終了し、場所を移して再開したんじゃなかったかな。

――UFOは1966年暮れにはじまり、ホプキンズが収監された67年8月にトッテナムコートからラウンドハウスに移って再開したのち、ほどなくして幕を閉じているようです。実質1年にも満たない期間ですから、UFOクラブでピンク・フロイドのライヴを聴くことができたのはごく限られた一部の人だけだったのかもしれません。

僕がピンク・フロイドのライヴをみたのはだいぶ後です。『ザ・ウォール』のときです。ロンドンにたまたま出張で帰っていたとき、『ザ・ウォール』の公演があって、わが社でピンク・フロイドの著作権をあずかっていたから、関係者として入れたんです。アールズ・コートの展覧会場というだだっ広いところで、演奏中に壁を築いて、最後にはぶっ壊すというパフォーマンスですね。巨大な豚が空を飛ぶんですよ（笑）。

――シドがいたころのピンク・フロイドとはだいぶ距離がありますよね。

シドがいたころのフロイドというと、デビュー・アルバムと2作目のほんの一部ですからね。ちなみに僕はシドのソロ・アルバムは聴いていないんです。ブルーズにどっぷりハマっていたころでしたし、高校生のお小遣いやバイト代で買えるレコードの数なんてしれています。ロックのレコードも買っていましたが、ブルーズのほうが多くて、シド・バレットはＬＳＤでおかしくなったというイメージだったので興味が湧かなかったです。フロイドの『アマガマ（Ummagumma）』という2枚組の69年のアルバムは買いましたが、聴いた回数は少ないですね。ただ、友だちの家に行けば、ピンク・フロイドのレコードは誰かがもっていましたから、すべて聴いてはいました。『神秘（A Saucerful Of Secrets）』も聴きましたし「ユージン、斧に気をつけろ（Careful With That Axe, Eugene）」が入ったシングルも憶えています。

――そのようななか、ピンク・フロイドのアルバムからバラカンさんが一枚選ぶとしたら、どの作品になりますか。

アルバムだと初期のコンピレイションに『Relics（ピンク・フロイドの道）』（1971年）というレコードがあります。それこそ「アーノルド・レイン」や「シー・エミリー・プレイ」などを含む初期のコンピレイション盤ですが、やっぱりあの2曲がないとつまらないからそれになると思います。

――この2曲がバラカンさんのなかでピンク・フロイドの登場の衝撃と結びついているということでしょうか。

おそらく年齢によってなのでしょうけど、あるアーティストと初めて出会ったときの印象はやはり強いですよね。何年経ってもそれは変わらないね。

――「シー・エミリー・プレイ」を聴くと、十代のころ感覚に戻りますか。

どの曲よりも、というと大袈裟かもしれませんが、あの曲を聴くと十代のころがよみがえってきます。いまだに大好きです。

ローカリティとアーティスト気質

――フロイドのメンバーはケンブリッジ出身ですが、ケンブリッジ気質のようなものはあるんですか。

ケインブリッジはロンドンからせいぜい2時間なので、そう遠くはありませんが、雰囲気は全然違います。のんびりしているし人口もそんなに多くないですよね。大学街だから何百年も前のカレッジの建物がそこらじゅうにあって、エリートが多く、上品な街です。庶民の人たちもいるとは思いますが、学生が圧倒的に多いんじゃないかな。二度ほど行ったことがありますが、天気がよければ、一日過ごすのにとても心地よいところだと思います。ただ住みたいかといわれたら、ちょっと刺激が足りないかな。僕が生まれも育ちもロンドンの人間だからそう感じるのかもしれませんが。

――ロンドンとはまるで違うということですね。

それをいったら、ロンドンはイギリスのどことも違います。

人口が圧倒的に多いですし、雑多な感じもある。とくに現在は完全な多民族都市、多文化都市ですから。

——イギリスは都市ごとの音楽文化も豊かですが、1960年末でも、ミュージシャンは最終的にロンドンに集まるという図式だったのでしょうか。

メディアの中心ですからね。ただ、いまはだいぶ変わってきてはいるみたいです。ついこのまえＢＢＣがマンチェスターにスタジオを移したんですよね。80年代もマンチェスターのロック・シーンは活発でしたが、いままた元気がいい。どちらかといえばいまはロックよりもジャズみたいですが。

——カンタベリーはいかがですか。それこそピンク・フロイドと同時期にソフト・マシーンが登場しました。

一部の日本の音楽ファンの間では伝説になっていますが、アンダーグラウンドだと思います。イギリスではカンタベリー・シーンを意識している人たちは少数派です。存在自体、知らない人のほうが多いかもしれません。シーンといいながら、ソフト・マシーン、キャラヴァンとナショナル・ヘルスもそうだと思いますが、十数人のミュージシャンがいくつかのバンドを渡り歩いている感じですよね。

——ロバート・ワイアットのような人物の存在感は大きいと思いますが。

僕も好きですけど、でも決して誰もが知る人物ではないと思います。それはイギリスでも変わらないですね。もう引退したし、1945年生まれで、そろそろ八十代を迎えようとするなかで、先日の「ＮＭＥ」のニュースによれば、手紙をもらっても返事を出すこともできないとのことでした。

——ワイアットは一時期共産党に入党していましたが、映画にも出てくるピーター・ジェナーのような左派の音楽人がイギリスには多い気がします。その点についてはどうお考えですか。

音楽をやっている人というのは、それを主張するかしないかは別として、リベラルなのが相場じゃないかな。保守派のミュージシャンも多少はいますけど、すごく多いわけではありません。イギリスが伝統的にリベラルな音楽関係者が多い印象があるのは主張する人が目につくからかもしれないですね。でも特に多いという印象は僕にはありません。1980年代にレッド・ウェッジ（Red Wedge）といっていた人たち、ビリー・ブラッグやポール・ウェラー、あるいはロバート・ワイアットのような人にしても、ワイアット以外のソフト・マシーンのメンバーがどういう政治的な立場なのかといえば、わからないし、ピンク・フロイドでいえば、ロジャー・ウォーターズはかなり左寄りですが、ほかのメンバーは政治的な信条はよくわからないという感じです。とはいえ、表現者にとっては自由に好きなことができる社会が望ましいわけですからリベラルな世界観をもっている人が多いのではないでしょうか。

――一方で、シドのように表現が資本主義的な体制と衝突することもあるような気がします。ビジネスと表現の相克ですね。

バンドの立場からいうと、彼はあてにならないから、結局あるとき、彼を家に迎えに行くのを止めてしまうんですね。しょうがない、なしで行こうと。デヴィッド・ギルモアはすでに補助的にバンドに入っていました。それもあって割り切ったんですよね。シドもそれでよかったと思いますよ。彼自身、あれ以上有名になることを望んでいないし、おそらく自分から「辞めます」というのはいいづらかったかもしれない。それでも、番組をすっぽかしたし、迎えに行っても家から出てこなかったりすれば、言葉には出さなくても辞めたがっているということですよ。

――映画をご覧になって、シドにたいするこれまでの考え方で変わったところはありますか。

それまでシド・バレットはＬＳＤでおかしくなった人という単純な描き方しかされていなかったから、僕はてっきり、ＬＳＤのために廃人になった人だと捉えていました。ところが映画をみると決してそうではない。その要素はあるけれども、それだけ繊細な人だった。音楽シーンからいなくなった感じはピーター・グリーンとちょっと似ていると思いました。

――フリートウッド・マックの？

そう。彼はすばらしいギタリストでしたし、ヴォーカルもすごい、いい曲もつくった。あんな人は滅多にいないというくらいのミュージシャンなんです。フリートウッド・マックに「オー・ウェル（Oh Well）」というヒット曲がありますね。あの曲ですでに音楽業界に対するシニカルな見方をしていることがわかるし、彼もＬＳＤでバッド・トリップしておかしくなったみたいだけど、それだけではなく、音楽業界に嫌気がさして、表舞台を去り、精神的におかしくなったのだと思います。ＬＳＤは幻覚も見ますが、ほんの数時間の間だけでも、普段ほとんど使えていない脳の使い方ができるといいます。その体験によって普段は見えないところが一気に見えちゃう。僕の友だちも「あれをやったら二度と同じ状態には戻れない」といっていました。世の中の見方がある程度変わる、と。だからある意味でやってみたいような、でも怖いと感じさせるものでした。

――ものの見方が変わると自分の置かれた状況に耐えがたくなることもあるかもしれません。

シドの場合はもしかしたらＬＳＤによって別のリアリティを感じて、お金儲けやファッションで人気者になるということがくだらなく思えたかもしれないね。

——「ジョン・レノンはこんなことをやらなくてもいいんだ」とシドがつぶやいていたという証言があります。

ジョンもシニカルな見方をする人でしたからね。ジョンがなぜニューヨークに行ったかといえば、ニューヨークでは街を歩いていてもいちいち人に呼び止められたりしないから。イギリスではすぐもみくちゃになっちゃうからね。エルヴィスだって、グレイスランドに閉じこもるか、B級映画の撮影セットにいるかのどちらかという生活になっていくわけですよね。ジョーニ・ミチェルも、面白いことに71年だか72年だかに、周りに何もないカナダの海岸に石の掘っ建て小屋を建てて1年ほどすごしたそうです。そこで音楽業界をすごく否定的に描いた曲をつくっているんですね。彼女もやっぱり作り物の世界にイヤ気がさした。そういう人たちがいるんです。もちろん有名になることが大好きな人もいますが（笑）。

——そのような繊細さをふくめて、シド・バレットはバラカンさんにとって十代の音楽ということになりましょうか。

シドがフロイドにいたのは僕が15歳から16歳までの1年間ですから、基本的にその印象しかないんですね。自分が最も多感な時代が舞台で、それを思い起こすからというのが大きいのかもしれません。ただこの人がいなければピンク・フロイドは存在しなかったわけで、その彼がどういう人物だったか、これまでフロイドを離れた後の知られていなかった話もいろいろ出てくる今回の映画はやはり興味深い。ひとりの音楽ファンとして知りたいことがやっぱりあるんですよね。

（2024年4月16日六本木にて）

耳から吸い込むバレット

シド・バレット登場前後の英米シーン

湯浅学 Manabu Yuasa

派手な演奏スタイル、出て来る音の獰猛さ、観客や店のオーナーやプロモーターとの相性の悪さで、アメリカでの演奏活動が行き詰まっていたジミ・ヘンドリックスに「イギリスで演ってみないか」と声をかけたチャス・チャンドラーには、どんな見通しがあったのだろう。こいつはいける、と何故思ったのか。66年秋のイギリスとアメリカにどんな違いがあったのか。アメリカではモンキーズが一気に人気者になっていたときだが、？(クエスチョン・マーク)&ザ・ミステリアンズの「96粒の涙」やビーチボーイズの「グッド・ヴァイブレーションズ」、ドノヴァンの「メロー・イエロー」のような、どちらかといえばジミヘン寄りの曲も大ヒットしていた。さらにサンフランシスコ周辺ではライト・ショーを導入したライヴが始まっていたともいう。とはいえジミヘンには実績がない。しかも活動の中心はニューヨーク周辺だった。このころはカリフォルニアのほうが全体的にアクティヴだった。ジミヘンも西に行っていれば違っていた、かもしれない。

ジミヘンがロンドンに到着したのは1966年の9月だった。スモール・フェイセスの「オール・オア・ナッシング」が大ヒットしていたころだ。ビートルズは「イエロー・サブマリン」をシングル・カット、B面に「エリナー・リグビー」を収録して両面をヒットさせているが、ちょっと引いている感は否めない。振り返って年表を辿ってみても、イギリスでは66年はビートルズの年ではなく、65年ごろからのモッズ・ブームがピークを迎えた年だった。ザ・フーはすでにフィードバックを出したり楽器を破壊したりしていた。モッズ・ブームはロンドンの風俗現象から、音楽的な広がりをともなって、多くの新しいバンドを世に知らせるところとなっていた。彼らの多くは前の世代（ビートルズやローリング・ストーンズら、1930年代末から40年代前半、つまり日本でいうところの戦中生まれ）とは異なった思い切りのよさを体現していた。

ロンドンの特殊性、イギリスの動向をチャス・チャンドラーはもちろん知っていたからこそそのジミヘンのスカウトだった。ジミヘンがイギリスでのマネージメント契約を結んだのがザ・フーを手がけていたキット・ランバート&クリス・スタンプだったのは偶然ではない。ジミヘンは〈モッズの次〉だったわけだ。モッズ系のバンドのほとんどが、その前の世代のバンド群（いわゆるブリティッシュ・インヴェイジョンと呼ばれた一群）とは違ってアメリカではほとんどヒットを出していない。アメリカのレーベルの多くが、これらの新世代バンドを（ビートルズの）三番煎じぐらいにしか見ていなかったからかもしれないし、66年にはアメリカでも各地から新しいバンドが多数発生してスマッシュ・ヒットを生んでいた、という背景もあるだろう。いわゆるガレージ系バンドだ。ソニックス、スタンデルズ、ニッカボッカーズ、エレクトリック・プルーンズ、シャドーズ・オブ・ナイト、アウトサイダーズ、シーズ・カウント・ファイヴ、ブルース・マグース、ミュージック・マシーンなど、それぞれにアクがある。66年といえばマザーズ・オブ・インヴェンションの『フリーク・アウト！』が世に出た年でもあるし、（当時ヒットはしていないが）ビーチボーイズの『ペット・サウンズ』もあった。確実に新しい動きは顕在化していた、にもかかわらずジミヘンはロンドンへ出稼ぎに行かざるをえなかった。もしかするとアメリカのレコード会社は、まだ〈ビートルズの次〉を感じ取る必要性を覚えていなかったのかもしれない。あるいは前年の、バーズ、ボブ・ディランのフォーク・ロック・ショックが尾を引いていたか。そういえば、ロサンゼルスのラヴは、フォーク・ロック的でもあるロックンロール・バンドで、幅広い表現力は他のガレージ系バンドとは一線を画していたと思うが、マザーズ・オブ・インヴェンション、バーズ、ファッグスと並ぶシド・バレットのフェイヴァリット・バンドの一つだった。

66年11月のイギリス・ツアーから帰ってきたビーチボーイズのカール・ウィルソン（だったと思う）が、ロンドンで聴いて気に入っていたスペンサー・デイヴィス・グループの「ギム・サム・ラヴィン」がアメリカでもリリースされることを知って、その盤（つまりアメリカ盤シングル）を手に入れみんなに聴かせようとオフィスだかスタジオだかのターンテーブルで再生したところ、曲が始まってさほど時がたたぬうちにそれを止め、レコードをターンテーブルからむしり取るようにして外すと、その場で二つに割ってしまった。怒ったカールは「違う。こんな音じゃない」といったという。イギリスでシングルを買ってこなかったことを後悔したかもしれない。

66年末の、アメリカのレーベルのイギリスのロック／ポップスに対する認識の甘さを物語るエピソードだと思う。ビートルズのシングルもやはりアメリカ流の音になっていたことは私もたっぷり聴いて確認している。当時のアメリカの大手レーベルの音盤の音像は未だ60年代前半のままだった。市場の大きさの違いがそこには影響している。イギリスのレコード市場の流通量はアメリカの（当時の）インディペンデント・レーベル数社を合わせた流通量とさほど変わらなかったのではと想像できる。時代を数十年経て聴き直してみると、アメリカの場合、レーベルごとに特色があるものの、当然現在のアナログの音質とはまったく別の清々しさや芯の太さがあって頼もしく楽しい音質がどこのレーベルでも保たれているが、ことロック、あるいはバンドのサウンドとなるとどこか物足りないものであることが少なくない。特に大手の盤にそれは強く感じられる。だからこそ、独立したレーベルの盤が魅力的に響くのかもしれない。フィル・スペクターの独立レーベルであるフィレスの音盤は一時代を築いたものとして今では認識されているが、一作一作聴いていくと、それぞれに音圧や奥行き、強調されている部位が異なっていることに気づく。時にそれは極端な音像を形成している。スペクターの意のままに作られていたからこそ、時代を超えた特性として我々の心に刺さってくるのではないか。ちなみにフィレスの音源はイギリスでももちろんリリースされているが、そこはそれイギリス流のまとまりのある音になってしまっていた。件の「ギム・サム・ラヴィン」と逆の現象が起きていた。

ジミヘンのエクスペリエンスとしての初ライヴは66年11月25日だった。これはマスコミ用のレセプションも兼ねたものだったが、たちまちのうちにその評判は衝撃としてミュージシャンに広まっていった。その後もテレビ出演やギグが重ねられ、ジミヘン・ショックはイギリスを席巻していく。67年に入るとジミヘンは、ムーヴと並んで、そのファッションの奇抜さとともに「テレビに出して欲しくないミュージシャン」ランキングの最上位に位置していたというから、たいへんなルーキーである。まだサイケデリックという言葉は一般化していなかったが、若年層にＬＳＤが広まっていった時節だ。モッズの流れもあって、ドラッグはそれぞれに受け入れられていた。

ピンク・フロイドは66年2月にはすでにフリーキーでナーコティックな演奏を、勝手に、繰り広げていた。ロンドンのマーキー・クラブで行われた『ザ・スポンテニアス・アンダーグラウンド』というイヴェントに出演した彼らは「まず『ロード・ランナー』とチェック・ベリーの曲を数曲、大幅に自分流にアレンジし長時間に引き延ばしたヴァージョンで演奏した。さらに全ての楽器の音量を全開にして、その音をフィードバックさせ、音を幾重にも重ねて同時に出すという簡潔な方法で、音響世界を提示したのだった」（『クレイジー・ダイアモンド／シド・バレット』マイク・ワトキンソン&ピーター・アンダーソン著／小山景子訳／水声社）

という。ジミヘン・ショックの9ヶ月前のことだ。

この演奏はバンドの総意だったのか、それともシドがやるなら皆でいく、ということだったのか。この時期のイギリスの先行ぶりは他に類を見ない。すでにザ・フーが暴れていて、ジェフ・ベックもワイルドなプレイでヤードバーズ加入直前だった。ジョー・ミークの元でリッチー・ブラックモアは奇妙なプレイや音作りに関わっている。

ジョー・ミークの『アイ・ヒア・ザ・ニュー・ワールド』は60年にEPでリリースされているが当時はほとんど聴かれることなく埋もれたままになっていた。が、ミークはトーネイドーズの「テルスター」を62年に大ヒットさせて、その実験精神をポップス界に知らしめている。ジョー・ミークのエコーたっぷりのギミック満載なサウンドは、バスルーム・サウンドと呼ばれることもあるが、しばしばフィル・スペクターのウォール・オブ・サウンドと比較されたり並列にして研究されたりする。どちらも過剰なエコー感に共通する部分はあるが、スペクターがシンフォニックな厚みを求めていったのに対して、ミークはエコーのエフェクティヴな効果の応用を追求している。ミークには奇妙でユーモラスなインストゥルメンタル作品が少なくないが、それらは映画的というよりテレビ的であったりアニメーション的に感じられる。スペクターがオーケストラならミークはエキゾチック・サウンドのコンボのほうに通じている。小さな試みを最大限に拡張して直接精神に届ける。あるいは「テルスター」のように宇宙や未知の世界のイメージを音で表現する。その試みをロック・バンドの粗暴なやり口に統合さしていく。サイケデリックな表現は変容させたサウンドを絵の具にした音による絵画だ、とある日

The Tornados
Telstar c/w Jungle Fever
Decca / 1962

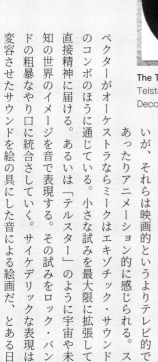

シド・バレットは演奏するうちに体感したのかもしれない。

ミークとバレットの共通点は、エコー・マシーンを楽器として使っているところにある。たとえばミークはエコーのフィードバック音を人工衛星の運行音に使った。バレットは2台のビンソンのエコー・マシーンを使ってフィードバック音を〈演奏〉していた。バレットはエレクトリック・ギターにビンソン・エコーレックを繋いだ先駆だったという。ミークはスタジオ・ワークでエコーを〈奏でた〉が、バレットはライヴにエコーで着彩してみせた。66年秋ごろのピンク・フロイドのステージをピート・タウンゼンドはこのように語っている。

「フロイドの演奏はすごくエキサイティングだった。あの頃のフロイドは、楽器全部にエコーをかけていた。シドのやっていることが面白いと思ったので、エリック・クラプトンを連れて行ったこともあるよ。俺たちはシドをすごくいいとは思ったけど、彼は常に二つとか三つのエコー・ユニットを並べて使っていたので、実際にどんな音を弾いているのかは、聴いても全然わからなかった。彼はいつも、これらのエコーを通した音を別々のアンプから出し、その複数のアンプから出る音をさらに組み合わせることによって、一つの音響的な場を作り出していた。サウンドが絡みあってひとつの大きなうねりを作っているんだ。それは必ずしもわかりやすい旋律とかハーモニーになってはいなかったけれど、音は常にすごく面白くて、聴いていて大きな満足があった」（前掲書）

ギターの音を分配して、それぞれに別々な音が出るようにエコー・マシーンを通し別々なイコライジングやフィードバックの調整をして出てくる音を重ね合わせる。電子楽器を使わないライヴ・エレクトロニクスともいえそうだ。

タウンゼンドはさらにこのように述懐している。よほど印象深かったのだろう。

「シドは自分が使っている機材の、わけてもエコーの設定に大半の時間を割いていた。ギターの音が聞こえているかと思うと、突然シドはステージから姿を消す。そして彼はアンプをいじくり回しているか、椅子に座っているんだ。シドがギターを弾いていないのにどこかから音が聞こえてくるのが不思議だった」（前掲書）

とはいえバレットは67年の段階では、自作曲を人前で歌うこともできたし、楽曲をバンド・メンバーと分かち合うこともできた。バレットの精神の基本構造が画家であることは、その行動や作品の内容を追っていけばおのずと感じ取れることだと思う。むしろ音楽がどこまで画家の創造力を刺激していたか、あるいは絵筆でなくギターを手にさせたものは何だったのかを想像することがシド・バレットの謎を解く鍵だろう。

ドラッグ、特にＬＳＤによる意識の拡張や変容は、バレットにとっては65年以降は日常的なものだったようだ。それは快楽の種というよりは精神的ブースターだった。ときにはお守りにもなる。心の平穏のためではなく、未知の領域を既知にしておくためのものであったかもしれず、現状をないがしろにすることもあれば、実感を更新するための解答をもたらすものにもなった。ひとつの加速装置でありつつ外殻の補強材にもなる。現実を別のものにする感情的杖として機能すれば、奇想を具体的な形にしたり音に仕立て直すエネルギーの素になることもある。時間感覚の基準を消す役割も担っていたかもしれない。それまでの感覚をないがしろにして、無感覚から作り直そうとしていたのかもしれない。

　時間感覚がどんどんズレていっても気づくことはなく、規則性は失われていく。その感覚が常態になっていく。他の人との交流は夢の中の出来事となって脈絡は消失する。あるいはどこまでも夢想が高速で展開しつづける。そのときに聴こえていた音を再生したいというかすかな希望のようなものが生じていたときに行動が創造と結びついたのではないか。バレットの夢想が現実の時間軸に近づいていたときは確かにあった。だからこそ「アーノルド・レイン」や「シー・エミリー・プレイ」は生まれたのだと、こちらも妄想するしかないのだが、そこでは具体的な音がピンク・フロイドの他のメンバーとの交信ツールだった。バレットの作る曲を、66年から67年にかけてはバレット以外の人間も全部ではないにせよ、共有することができた。ピンク・フロイドの外形が完全に整っていなかったからこそ可能だったのかもしれない。それぞれが手探りであったからお互いが敏感だった、反応が早かった。「シー・エミリー・プレイ」を聴くと、そう感じる。豪快で過敏で目まぐるしく乱雑だが決して散乱していない。ポップスの限界点がここには示されている。破壊的なのだが曲それ自体はとても多面的で繊細な光沢感と弾力を持っている。

　実は長年古今東西何万枚かのアナログ盤を聴いてきたが、「シー・エミリー・プレイ」のイギリス・オリジナル・シングルは、私の生涯の五指に入る衝撃の音盤である。この盤の音はデジタル化されたものでは絶対に感得できない。これまでに世に出たこの曲のどの音源もこのシングルの奥深さ激しさにはかなわない。シド・バレットはこれを人類に伝えるために降臨したのではないか、と思えてならない。辛辣なポップスである。サイケデリックという言葉をどうでもいいものにする。この音盤がひとつのアシッド、耳から吸い込むドラッグだ。

　女性の下着を着用する趣味人アーノルドを描くというこれもまた画期的な作品である「アーノルド・レイン」はどこか牧歌

The Pink Floyd
Arnold Layne c/w Currant Bun
Columbia / 1967

The Pink Floyd
See Emily Play c/w Scarecrow
Columbia / 1967

的である。アーノルドに悪意がないからだ。アーノルドにしてみれば「私に何か御用ですか?」とむしろ反問したいのではないか。アーノルドは確かに法に触れているのだろう。しかし彼にはどこか同好の志への静かな連帯を促している空気感がある。そのイギリス・オリジナル・シングルの音は朝一番で淹れたコーヒーの湯気を思わせる。ピンク・フロイドはアーノルド・レインに同情はしない。こういう人間は今もどこかで生きているのではなかろうか、と日常の視座を音楽で広げてくれているのだ。この曲が全英チャート20位まで上がった1967年のイギリスはやはり特殊かもしれない。

その特殊性の極みが「シー・エミリー・プレイ」の大ヒットだ。この曲はもともと67年5月12日にクイーン・エリザベス・ホールで開催されたピンク・フロイドのコンサート『ゲームズ・フォー・メイ』のためにバレットが書いた「ゲームズ・フォー・メイ」という曲を改題したものだ。このコンサートは照明も新たに設計されたもので、音響は4チャンネル方式を独自に開発してのぞんだという。その後の(バレットが抜けたあとの)ピンク・フロイドの大掛かりなステージ・セットやサウンド・システムの原点がこの日のコンサートだった。しかもサポートなしのワンマン・ライヴだったのだからこれもまたこの時代においては特別なものだ。「シー・エミリー・プレイ」はピンク・フロイドの活動のエポックから生まれた作品だった。記念作品といってもよいものだ。だからこその音像か。

高い音圧、音の縁はいちいち鋭く、展開はめまぐるしい。「シー・エミリー・プレイ」1曲の中に4曲分ぐらいの要素が折り込まれている。バレットのギター・プレイも力強い。この展開の妙はブルース・ロックのようにひとつのテーマ、ひとつのリフレインを押し広げたものではなく、重層的で偏執的で複眼的な視点を保持していなければ生み出せないものだ。しかもここには陶酔感がない。覚醒が連続して起こる。この曲がヒット・チャートの6位まで上がった67年7月のイギリスはやはりどうかしていたのだろう。この曲が発売された6月16日は、アメリカではモンタレー・インターナショナル・ポップ・フェスティヴァルの初日だった。イギリスで成功したジミヘンが凱旋帰国し、ギターを燃やして伝説を作ったあのフェスティヴァルだ。その1週間ほど前、ボブ・ディランはウッドストックでバイク事故を起こし長期活動休止に入る。ビートルズが世界に向かって「愛こそすべて」を歌ったのもこの月だった（25日）。

ピンク・フロイドが『夜明けの口笛吹き』を録音していたころ、隣のスタジオではビートルズが『サージェント・ペパーズ』制作の真最中だった。ジョン・ライドンは「俺の住んでいた辺りじゃ『サージェント・ペパーズ』を好きだなんて言う奴は、ひとりもいなかった。ありゃあ、金持ちの坊ちゃんだったビートルズが放埒の限りを尽くしてる、ただそれだけの話だろ」と述べている（『ジョン・ライドン新自伝　怒りはエナジー』田村亜紀訳／シンコーミュージック・エンタテインメント／2016年）

ライドンの天敵、マルコム・マクラーレン（バレットと同じ1946年1月生まれ）は、67年当時のピンク・フロイド、シド・バレットが大好きだった、という。76年にセックス・ピストルズがレコード・デビューするにあたりそのプロデューサーをシド・バレットに担当してもらう、という案がひらめいたマルコムは、音楽出版社経由で、ロンドン中心部のホテルで会う約束を取りつけた。

T.V.パーソナリティーズ
シド・バレットはどこ？ C/w 大いなる夢想者
Rough Trade / 1981

「彼は文化的に破壊的で詩的だと思っていた。彼は紺のブレザーを着て現れ、アンゴラ危機についての新聞記事を読んでいた。話しかけようとしたんだ。だけど、話すことができなかった。そして翌日彼はホテルを出ていってしまった」（『評伝マルコム・マクラーレン』ポール・ゴーマン著／川田倫代訳／イースト・プレス）

シド・バレットのいるピンク・フロイドがセックス・ピストルズの古層の中にいた。

T.V.パーソナリティーズの「シド・バレットはどこ？（I Know Where Syd Barrett Lives）」を81年に聴いたとき、バレットが今帰還したら皆大歓迎だろう、と思った。

ピート・タウンゼンドはこうもいう。「シドの斬新さというのはむしろ、彼が完璧に、全く別の世界に孤立していた点だと思う。ステージで完全に『イッちゃってる』ミュージシャンというのは、俺が見た限りではシドが最初の人物だった」（『クレイジー・ダイアモンド／シド・バレット』同前）。

（ゆあさ・まなぶ／音楽評論）

Shadow of Your Smile

「残照」への追憶

河添剛 Tsuyoshi Kawasoe

Text for Barrett

60年代のロンドンは、仮に多くの点で錯誤があったとしても、若者達の自由の測深を奨励することによって、ロック・ミュージックもまたその根を下ろしている暗い地下層を、不可避的に暴き出すことになった。そして、それに先立つのは、気軽な無造作のようなものを介してのオプティミスムである。「青春の〝天才〟に対する限りない信頼の表明から生まれた」と、生前にアンドレ・ブルトンが強調したシュルレアリスムにおいて、その冒険がこの世界の様々な至上命令なり諸価値なりの転覆を介してたどり着いた詩と愛と自由は、新たに、つまり「ポップ」の明るみのうちで、若者達が熱狂的に求める羅針盤のような光となった。「人生を変えること」（ランボー）も、「世界を変えること」（マルクス）も、彼らにはもはや夢ではなくなったような気がしたのはそのときからである。ピストルの射撃音を含意する「ポップ」という英単語は、いかにも初夏めいた、緑色の眩しい季節が絶え間なくはじける音がする。それは華やかな極彩色に日々彩られていくすべての陰気な街頭に響きわたった啓示の音だ。酔い痴れたような図太さで若者達は宣言する、「革命」は旧世代が禁止した「天文学」だったのだと。しかし、今では禁止することだけが禁止されているのではないか。眼前に拡がる無限の可能性というもののうちに、つまり「私はできる」という形式のうちに、人間性の限界など一切認められない。彼らの身体は、その精神とともに、表情に浮かべているいっぱいの微笑のように重みを失って、徐々に透明になり、夏の日差しの中に溶け込んでいく。１９６７年。ひたむきで挑発的なマリアンヌ・フェイスフルの穏やかな美しさからは、再び青春を見出した歓びが溢れ出す。ジョン・アドラーことトゥインクも、スティーヴ・ペレグリン・トゥックと自らを名乗る前のステファン・ロス・ポーターも、すでにビートルズよりも長髪になった。生活の形而下的乱脈ぶりからエレガンスを引き出すことに成功したジミ・ヘンドリックスは、キース・リチャードに次ぐ、ボードレールが言うところの「ダンディ」になった。だがこの年は、早くも眉の下で仄暗く翳るシド・バレットの凝視の中に現れたアシッドの慰めの意味について、誰もまだ本当のことを理解することができないでいる。

*

強くもなく悪人ですらない若者達には、ロンドンでは二つの立場のいずれかを選ぶことができたのだ。自分を幸福にしてくれるドラッグを選ぶか、世界を変える革命を選ぶか。まるで選択の自由があるかのように。そうして青春はみるみるうちに蕩尽され、やつれ果て、衰えていく。それは、ほどなくして、彼らの首都を通り抜ける壮麗な幽霊船の記憶になるだろう。

*

１９７１年。ケンブリッジの実家に戻っているシド・バレットは、取材で久しぶりに訪ねてきたミック・ロックに「僕はただ時間を浪費しているだけなんだ」と、あの懐かしいジェントルな小声で説明する。「僕は埃まみれ、ギターだらけなのだ」とも。彼は髪を短く刈り、地下室に住む。そこで絵を描いたり、母親が育てた庭の薔薇に目をやったり、近所を何時間も歩き回ったりする。なすべきことは何もない。彼は取消不能の声でそう呟く。

*

１９６９年夏。ロンドン。シド・バレットは物寂しい風景の色調に完全に同化していた。犯した過失のせいでこれから長い不在を生きることを強いられているかのようなその心身は。彼がグループのリーダーでありソングライターでもあったピンク・フロイドを解雇されて、すでに一年半が経過していたこのとき、カラフルな狂騒は明らかに終わろうとしていたが、それに続いて訪れるのは、正確に夜というわけではなかった。アシッドによる偽装的な眠りへの依存が宿痾の狂気と結びついて燐光を放っている無、出口のない内部、息詰まるような空虚、永遠化された時間が行き止まる無限の沈黙の領域がそこにあった。いつしか彼は、彼自身の消滅それ自体となり果てていた。彼の肉体は彼の生きた精神が住まなくなっている部屋だった。がらんとした空間。いつも締め切ったままのカーテン。オレンジとターコイズ・パープルに塗り分けられた床。素性の分らぬ裸の女。ギター。描きかけのまま壁に立掛けられている無数のカンヴァス。平積みにされたレコード盤。染みだらけのマットレス。花瓶に挿したダリアの花。古い飛行機のオモチャ。アルコール・ランプ。マンドラックスの小瓶。時の経過を恐れ、若さが続くことをはかなく切望するようになった彼は、絢爛たる眼差しを自分自身に向けながら、あてどなく、日長現実の年齢を数え直したり、コークやセックスを調達してくれる魅力的な女達のことを考えたりする。彼はまだ23歳で、しかもとびきりの美貌の持ち主だ。オレンジ色に澱んだ時の残照を全身に這うに任せ、身じろぎひとつしない墓石のような彼は。

*

『マッドキャップ・ラーフス』をレコーディング中、彼は終始落ち着きのない様子で体を揺すっている。両脚を不可解な仕草で震わせていたかと思ったら、突然、何かを悲痛な大声で歌いながらスタジオの中を徘徊し始める。わけが分らない歌だ。「僕は生きているとき死んでいる……」。彼はもうまともにギターを弾けない。その上、欲望、陶酔、恍惚、崩折れる溢出といった、連続する諸形態を区分するすべを知らないセックスのような彼の神秘主義は（彼はアリスター・クロウリーにのめり込んでいる）主義ではなく、今や音楽に導き入れられるべきではないはずの破滅的無秩序や、ただのごたまぜの錯乱を意味し始めている（オートバイの騒音をオーヴァーダビングしようとしてあっけなく座礁した、ある楽曲での無残な試みを想起すること）。有音性の彼方で響きわたる中断不能の沈黙。だが、そのところどころに放擲されていたのは常に、「ストロベリー・フィールス・フォーエヴァー」におけるジョン・レノンのひそかな刻印だった。ジャズの自在なインプロヴィゼーションに絶えず魅了されながらも、同時にジョンのように、本当はただのイギリス人として自作の曲を「イギリス語」で歌いたいとも思っていたシドは、ピンク・フロイドのデビュー・シングル「アーノルド・レーン」で地元の滑稽な変態を歌ったのと同じように、馴染み深い地元のある遊園地に据えられた遊具を主題化する「オクトパス」をレコーディングしようと考える。そしてバックは顔なじみのソフト・マシーンに担当してもらおうと。だが彼は、夢の境界の外部にあるはずのこの曲のコンセプトも、さらにはコード進行すらまともに説明できず、ソフト・マシーンの3人をひどく戸惑わせてしまう。

*

『マッドキャップ・ラーフス』は、すでに無人地帯（「ノーマンズ・ランド」）となっている何次元なのかが不明瞭な領域をシドが行き来するアルバムとなった。

＊

彼の夢、残念なことにすぐ途切れてしまうそれは、幸福だった幼年期への退行に向けられていたと同時に、僕は全面的に自分自身とひとつになったのだと、危うい口調で唐突に宣言する幼年期を獲得し直したと確信する彼は、ある奇妙な高揚に執拗に突き動かされている自分を、彷徨し、移動を繰り返し、捕まる前に性急に分散するひとつの遍在だとも感じている。

＊

ポール・マッカートニーやピート・タウンゼントからの熱烈な支持。ＵＦＯクラブでジミー・ペイジが覚えた深い畏怖の念。かつて、精神の無限の要求に溌溂として応ずるかのように思われたシド・バレットの才能は、芸術をいつも即座に詩的閃きと噴出に満ちた地帯の真っ只中に移行させることができた。音楽の変革と真の驚異に通ずる道を、彼ほど猪突猛進する者は他にいなかった。しかし、彼は同時に、狂ったようにアシッドに耽っていた。「おたくのギタリストはまずいことになってるよ」と、ある日ジミ・ヘンドリックスがロジャー・ウォーターズにそっと耳打ちしたとき、正確に言えば、ギタリストは「目にも留まらぬ速さで」まずくなっていたのである。若さの内で、若さの崩壊として生きられた凄まじい速度。若者達の中で始まり、若者達の中で終わっていった青春、愚かしい因襲のせいで黴臭いだけだった都市をごく短期間占拠することができたあの青春をめぐって、今、その記憶を柔らかく、残酷で、幻想めいた輪郭の中に描き出そうとしているものは、ひとつには、そんな速度なのである。１９６７年夏。革命と狂気の波動が寄せては返す、酩酊した明るみの中から到来したのは、いつでもすぐ脱ぎ捨てることができるような、ケーキの包み紙のように薄いカラフルなドレスを身に纏った若者達だった。これから彼らはどこに行くのだろう。どこに連れ去られていくのだろう。どんな速度がこの世から彼らを消滅させるのだろう。

＊

１９６５年。フランソワーズ・アルディの衣服と皮膚から、ミック・ジャガーは暖かい夏の香りを吸い込んだ。彼女が透かし模様のように浮かべている微笑は、ロンドンの若者においてもまた、倦怠によって人を慰撫する優美な木陰を思わせたのだった。何と美しい女性なのだろう、このパリジェンヌは！　やがて、アンドリュー・オールダムは新人歌手のヴァシュティ・バニヤンに命じてアルディの下手糞な物真似をさせ、デヴィッド・ボウイはアルディの長さまで髪を伸ばすことを決意するようになるだろう。「彼女に倣えば私にもできる」というオプテイミスムは、信仰のように、そして野火のように、拡がっていくだろう。だが、彼女の神秘的なメランコリアは、彼女への愛ゆえに心に落ちた陰影によって、愛と自由の名の下では敗北すらも賞賛されねばならない振舞いのひとつひとつをポエジーに高めていこうとする純真な若者達を、夕暮れのように物言わぬスフィンクスの微笑で包み込んでいたのだった。

*

飾り気がなく、むしろぶっきらぼうとさえ形容可能な、美しいフランソワーズ・アルディ。彼女はその存在がまさしくそれ自体として詩だったのだ。そして詩は、彼女を模倣したいとすら願ったのかもしれない。

*

同様に、シド・バレットもまた詩なのだった。デイヴ・ギルモアは述懐する。ピンク・フロイドのメンバーとして首都ロンドンに居を移す前のケンブリッジでは、彼はすでに同じ世代の若者の間では、物言わぬ引いた立場でいる時ですら常に羨望のまなざしを向けられる存在だったのだと。事実、散歩中の彼とすれ違う女性たちは皆、思わず立ち止まり、彼の方を振り向いた。後日、彼の友人のひとりは「シドがこちらに近づいてくると、いつもとてもステキな匂いがした」とすら証言する。びっくりするほどハンサムで、快活で、良い意味で無頓着で、それが育ちの良さをも証明している彼は、同時に際立ってユニークな個性の持ち主で、誰よりも音楽と美術の才能に恵まれており、また提供できる事柄のある特定の領域の話題については率先して口をはさむことができる情報通でもあった。彼はまずビートルズやローリング・ストーンズの熱狂的なファンになった後、次にアメリカに目を向け、特にラヴやヴェルヴェット・アンダーグラウンドをしきりに称賛し始める。当時、彼の周囲には、ラヴはもちろん、ましてやヴェルヴェット・アンダーグラウンドを知っている人間など誰一人としていない中、彼は現実より芸術作品に移行し、芸術作品の内で自らの現実性を放棄することを選ぶ審美家として振舞った。友人たちは皆、そんな彼にますます感嘆するようになる。

*

彼は、仮に末永く記憶のとどめられるべき言葉をヴァレリーのように持っていたのなら、「僕はたいていの場合、自分がやっていることに対する自覚はある」と述べるべきだったのかもしれない。しかし問いかけや説明を嫌う彼はむしろかたくなな沈黙を好み、そうすることによってどの作品もこうした自覚に基づいているかのように人を欺き、欺くことによって彼自身と衝突することになった。おそらくは、それが彼の、彼から離れがたいものとして常にまとわりついている苦痛の正体だったのかもしれない。

＊

彼は自分がやったことが及ぼす作用については常に全く無頓着だったが、１９６７年の、あるいはその先の年のある日、常日頃からとてもかわいがっていた二匹の瀟洒なシャム猫にドラッグを与え、死なせてしまったことは、彼が「ただ単に」無頓着だったからではない。彼は次第に彼自身から離れていった。彼が幼い頃から一番好きだった花はダリアであり、美術学校に在籍していた頃は幾度かダリアをモティーフに、それなりに巧みなドゥローイングを描いては、そのつど教師に褒められたものの、彼はそのことすらある時期から忘れてしまった。

＊

ある種の成功の後に、日月を欠いた生ける伝説と化し、そのまま急速かつ継続的に年老いて、しまいにゼロの存在に零落することを宿命づけられていたかのようなひとりの芸術的天才の瞳の中に早くも読み取られる悲しみの意味、それは、彼自身の人生がもっぱら忘却に向けて捧げられていたことなのだった。シド・バレットは、後半の三分の二が何も書かれていない真っ白なページだけで構成されている一冊の分厚い書物のようだった。

（本稿は『ユリシーズ』第４号（シンコーミュージック・エンタテイメント刊、２０１０年）所収の旧稿に大幅な加筆修正をされたものです）

（かわそえ・つよし／美術・音楽評論）

ドレミファソラシド・バレット

燃え盛る焔の芯

山崎春美 Harumi Yamazaki

Text for Barrett

シド・バレットはナイフを持って友人を部屋中追っかけまわした。ついに壁ぎわまで追いつめると「こんどは君の番だよ」といって、そのナイフを手渡した。
隅田川乱一「X - Magazine: JAM」最終号（1980.1）より。

46歳という若さで早世した隅田川乱一（1951-98）著作集の再編纂作業をいまやっていて、そのなかにあったアフォリズム的な警句断片（のパロディか?）の一つが冒頭の小話で、例によってシドの奇行だけど自称、音楽に詳しくないと（標榜していた）乱ちゃんでもあり、初読時には、へえって思ってしまった、といってシド・バレットがそんな危険なことするなんて、と驚いたのではもちろんなくて、もう21にも成っていたぼくが、パンク、ニューウェイヴやその他の音楽情報はいち早くても、インドには行ってへんわ、L（SD）や眠剤はヤってても「肝腎の」大麻には消極的、高校の時から濃淡吸いはして、ということは既にどんなもんかは経験済み、モノの松竹梅はあれど、純度高けりゃ流石に何《なん》吸いかでわかる。上司に酒の飲み方を教わる新人よろしく、ジョイントが回ってくるとき以外は、たとえ下戸でもお付き合いはするけれど、じつに不誠実だった気が、いま頃になって思い返され、でも、この話の続きは最後に持ち越させて欲しい。

だので話を刺し戻せばこの、ささやかなシドの奇行というか挿話について掲載した自販機本の、これまたちょうど1年前、創刊号にぼくが、数編の訳詞を手掛けた（78年末）のだけど、対象はジム・モリソン（1943-71.9）、マーク・ボラン（1947-77）、ジミ・ヘンドリクス（1942-70.9）、そしてルー・リード（1942-2013）とシド・バレット（1946-2006）である。音楽雑誌でもないのに、いや、ないくせに、ここにピンク・フロイドは入れない。入らない。時代を後から眺め見たときのリスク、諸事情からもたらされる一種の罠というか、陥穽（落としどころとも落とし穴とも）には、結果論なのに説得的な時も逆もあり、善き場合もあるけど反対も多い。あ、そうか。ドラッグ特集だったっけ。札付き五人衆てわけか。デビュー・シングル「アーノルド・レイン」から借りれば、「やっと、わかったの?」って、シドの今回の映画の題名じゃないのさ。

そもそも、えらい長いこと、ずいぶんな期間ぼくは、いったい、あの『サージェント・ペッパーズ…』の録音に同席できるのって、如何なる特権だろう！　って不思議だったが、考えてみたら同じ会社だったってことか。英国製発音に秘密があるのか英語話者ではないぼくには、あまりに鮮やかな声、歌声。ちょっと舌足らずともあどけなさ、わざとに突き抜けるあざとさ、これぞサイケデリック！　ずいぶんと以前鈴木いづみ（1949-86）が、いい意味のサイケと言おうとして、日本のそれじゃなくて、と言ってたのを思いだす。

「確かに映画には使いやすいバンドだったね」とは、シド映画が公開される頃には85歳を迎え、また、この年頭に日本中の話題を掻っ攫った「逃走への闘争」の末に亡くなった爆弾犯ＫＳ（1954-2024）の映画化も立ち上げて、益々意気軒昂な足立正生監督（1939-）である。

じっさい6、70年代に掛けて、この国の芝居、演劇、さらに特筆すべきはストリップ興業時にも、ピンク・フロイドは能く使われた。桃色遊戯とはペッティングのことだけど。「みずみずしいよね」「?.」「桃色風呂井戸」。

水枕ガバリと寒い海がある

とは『神戸』を書いて、ぼくを熱烈なる興奮の坩堝に迷い込ませた西東三鬼（1900-1962）だが、彼は信条をこう述べた。How to Liveなどではないのだ。What is Life.　なのだ、と。早い話が、その命題こそが、俗世に拘らない「彼」三鬼の半生なのである。なるほどレノンは一抜けて、アイドル仕事もライヴもやらずに済んでたけど。

に、しても1968年に脱退するなんざ、いくら何でも早すぎる。

27クラブ（①27歳で死亡した②ポピュラー音楽のミュージシャン、アーティスト、俳優等の一覧）とか、「Jの法則」とか呼ばれるお話が巷には満ちていて、ブライアン・ジョーンズ（ローリング・ストーンズ1942-69.7）とジャニス・ジョプリン（1943-70.10）が加わるわけだけど、この記事の時点、シドもルーもまだ全然生きており、え？　レノン（1940-80）はまだ死んでない！

シドにもピンクにも（スターズにも）ない「J」を、綴り頭文字にJ始まりの人々について書いてきた理由は、映画でも言及されたジェームス・ジョイス（1882-1941）について、ちょっぴり紹介したいことの前振りであった。

Golden Hair

translate 及び《》内 written by Harumi.

窓辺から身を乗りだすように
《凶事《まがごと》だけを日がな待って》
黄金《こがね》色した髪が
《こぼれ　あふれ　風に抜け
なんと、うつくしい、その芳香》
あなたの口ずさみが、きこえ
静寂《しじま》暗き夜の
深い闇を突き抜け
本など読んでられようか
書物は閉じられた
《ひたすら　ひたむきに》
火が燃え盛る　焔の踊りくるう
《芯だけを》ただ見つめながら
本は打ち捨てられた
部屋は見棄てられた
あなたは歌ってる《いま、なお》
《鬱蒼と昏き　陰鬱の森を抜け》
歌いながら、歌いながら
なんと愉快な誘いだろう
窓辺から身を乗り出しちまって
黄金《キン》色の髪が

ジョイスは、20世紀で最も重要な作家と衆目の一致するアイルランド出身の、而して詩人でもある。ぼくが『アックス』（漫画月刊誌『ガロ』の正統的後継誌）に連載している『フィネガンズ・

フェイク』は、その題名をジョイスの書いた『フィネガンズ・ウエイク』に（言うまでもなく）負っている。

さて、そんなジョイスの著した短篇エヴリン『Eveline』（1914）で、主人公の母親が死ぬ場面で【愚かしい執拗さで、ひっきりなしに】口にする「デレヴォーン・セローン」Derevaun Seraunという言葉の意味については「快楽の終わりは痛みである」というゲール語が訛ったものだ、いや「歌の終わりは狂気である」の訛りだ、そもそも意味不明であることがポイントだ、など諸説あるとか。（柴田元幸（1954-）の翻訳紹介に依った。多謝）

このような、一見して枝葉末節としか思えない、部分重視、ディテール偏重こそがジョイスの手法でもあるとともに、あくまでも諧謔家であり、皮肉、カリカチュア、駄洒落、パロディ、造語癖に止まらず、神話的方途、音楽的技巧、ついには意識の流れまでも取り入れ、真骨頂にまで高めた手法は、それこそがシドの目指した地平ではあったろう。

しかしながら、さらにいえば祖国アイルランドを形容する言葉としてジョイスはparalysis（麻痺）を挙げている。なるほど「Wish you were here」って絵葉書の末尾に添える決まり文句だ。

歌は世につれるんだろうか。だとしたって世界は、歌なんぞにはツレナかろうに。昨年鬼籍入りした頭脳警察ＰＡＮＴＡ（1950-2023）の「つれなのふりや」という有名な曲の、事実上の作詞者は管孝行（1939-）である。

つれなのふりや／すげなのかおや／あのようなひとが／はたとおつる…つれないフリして、すげない顔で、そういう人に限って、あっけなく恋に落ちるものだ…

…亡き桑原和男師匠（1936-2023）の十八番の安土桃山時代のうただとか。歌は世に連れ去られちまって、これからどうするのか、だれひとり知らないし、花はどこに行ったの、って？

そらぁ散ったんやろ。

染井吉野って、と漢字表記してから、悔しいけどあのピンクには品があります、と書いたのは上沼恵美子（1955-）だけど、

The written word is a lie.

と叫び、

Anger is an energy

と繰り返したジョン・ライドン（1956-「セックス・ピストルズ」vo.ジョニー・ロットンのこと。以前、ＮＹで泊めて頂いてた御夫婦と発酵食品の話をしてて【腐る】の英語表現を思いだそうとしているとき、ご主人が、その名を挙げてくれた。腐れジョニー。）が、かつて着ていたシャツには、

I hate PINK FLOYD

と、大書されていた。シド・バレットのファンを公言する彼にしてからが、ということはパンクからは目の敵にされていたんだ、プログレは。そうかな。

徒花というのか不思議な天才である。ドレミファソラシド・バレット。ピンク・フロイドの創設者であり、ほとんどの楽曲を創り、奏し、録音して、衆目一致するバンマス、バンド・リーダーなのに、だのに、LPレコード1枚だけ遺して、フロイドから追いだされた。

73年のボウイ（1947-2016）『ピンナップス』ジャケに登場したツイッギー（1949-）を別にすれば、スウィンギング・ロンドンの右代表者を、あと二人選べるのなら、ぼくは迷わずブライアン・ジョーンズとシド・バレットを挙げるだろう。

え？　テレンス・スタンプ（1939-）は？　なるほど。ウイリアム・ワイラー監督（1902-81）『コレクター』、フェリーニ（1920-93）『悪魔の首飾り』最高の役者だけど！　パゾリーニ（1922-75）『テオレマ』おお！　なんてこった！　いや、まだあった！　テレンスの弟クリス（1942-2012）とドアノブ業者だった（って素敵。60年代に流行った配管カードゲームを彷彿させる）キット・ランバート（1935-81）がいなければ、ザ・フーは成功していないどころかジミヘン、T-REX前身のジョンズ・チルドレンなんかも迷子になってたろうし、彼らマネージャ映画まで作られた。

でもね。

絶対条件として、栄枯盛衰がなきゃ似つかわしくない。

ストーンズを首にされ、モロッコ王国の秘境ジャジューカ村の伝統音楽を発掘したけど、直後に『くまのプーさん』作者A.A.ミルン（1882-1956）の家のプールに死体で浮かんだブライアン（1942-69）。同じく、ピンク・フロイドを追い出されて、隠遁者となったまま、くたばっちまったシド（1946-2006）。誕生した日は芥正彦（1946-）と一日違いだ。戌年。笑うな。ジャン・ジュネ（1910-86）だって大谷崎（潤一郎（1886-1965））だって戌年なのだ。

ここに一冊の雑誌がある。1977年3月1日発行の『ロック・マガジン』7号。驚いたことに表1（いわゆる表紙）に日本語がない。合田佐和子（1940-2016）による、直立二足歩行の2匹のワニが描かれた「Rockmagazine」のロゴが天に、地の右に【March 1977】。左には【DAVID BOWIE】【pop】【PINK FLOYD】。表4はGrecoのエレキギターの広告で、表3には、CBS/SONYの広告はピンクフロイド「アニマルズ」コピー惹句は「見よ。豚が空を飛ぶ。」

47年前である。値段?:650円。それはそれとして、この雑誌にはマンガが2篇も載っていて、プロである小浜幾美（19?-?）『新オデッセイ』って【ジョン・ケイル（1942-）、ニコ（1938-88）、ジョーイ・ラモーン（1951-2001）】らが登場するのと、この号にだけ描いた（たぶん素人）、広瀬泰子という人の『シド君の日記』サブ・キャッチには、【みんなで、一人の男の子を殺してしまったのです】とある。絵柄は線の細い少女漫画。

ストーリーの設定は学校で、主人公のシド君は天才過ぎて、いつも一番に成ってしまうことに悩んでるが、周囲は当然に理解しない。《みんなぼくの悩みを真面目に聞いてくれない》医者に言うと、それは試験になると全力で向かってしまう強迫観念だ、とされ、一方シド君の所為で万年2位に甘んじてる男は学校は辞めてミュージシャンになると言って、スタジオに遊びに来いと誘うので訪ねたシド君がギターを爪弾くとオファーが殺到するが、シド君は帰宅して母親に♪が追っかけてくると訴えるも逆にいい年してお化けがどうとか、ふざけないでと叱られ、出歩いてると女の子が寄ってきて、私のためにオタマジャクシ沢山プレゼントして頂戴とネダられ郊外まで虫取り網で採譜してくるが、その裏で実は女は美人局で持参させた新曲の譜面を万年二番男が手中にする、そこにシド君バッタリ遭遇しショックで倒れてしまい、女は、なによ青二才でも我慢したけどあんたこそ狂って、まるで憎悪の塊よ、もうムリサヨナラと二番男の下を去る……。

なんなんだコレ。けど当時の一つの理解ではある。

「最後に『エコーズ』を聞いたのはいつですか?」

というキャッチを、なんかの雑誌で目にしたのは、でもここ5、6年前か。10年も前じゃない。確かレコード・コンサートとか、要はクラブじゃない場所（踊らないで座りたい、腰掛けたい）での集まりの告知だった。レトロ趣味ド真ん中とは一線を画して、自分の「季節」から抜け出そうなんて考えたこともなくて、それが普通だし標準である、いま現代でのことなのは疑う余地なく、ここで面白いのは『エコーズ』でなければならなかった点だろう。他の曲では、このコピーは成立しないのだ。

なんの話かわかるかな。

いまは止めたらしいが中高一貫校の、高校から一定人数、外部から受験で新入してくる、その中に、いくら頭髪（丸刈りでなくてもよい）服装自由だからって、ギターケースに勉学道具を入れて（カッコつけて）くる奴がいて、ほどなく知り合いになった彼を仮にKと呼ぶとして、Kの好みは芥川龍之介と（エドガー・アラン・）ポー、『音楽専科』とピンク・フロイドで、此方からはグラム&ジャーマン・ロックに現代詩、『ロッキング・オン』を貸し借りした。発達障害なんて機能不全の名前も知る由もない時代にぼくは『おせっかい』B面を初めて聴いて、意外の念に駆られながら、そんなもんなんや、と一知半解してしまってた。阿呆であった。

なにもKが言ったわけではない。時代はスローに相変わらず『同棲時代』とか『神田川』が流行って、ぴんからトリオもあったけど、友部正人（1950‐）とランブリン・ジャック・エリオット（1931‐）のコンサートとスティーヴ・ウインウッド（1948‐）のライヴも観た。滅茶滅茶だ。団塊世代（1947‐49）の出産が相次いでは団塊ジュニアの生まれ育つこの時節、「カッコいい」から「女の子にモテたいから」ミュージシャンに成りたがったりしたのもいれば、雑誌『宝島』がマリファナ特集を組み、その他数え切れないほどの文化が、生煮えで目の前を通り過ぎていく。京都の下鴨神社に状況劇場を観に行ったとき李礼仙（当時。87‐李麗仙1942‐2021）から切符を買った話をしたら、世界遺産に登録されてからあそこでは（テント芝居は）できなくなったと言ってた。ぼくはカップルだったし、同じく京都の大学生の下宿では、別の女の子と大学生と、大麻はいいとして、コックリさんまでやった。

エコーズのお世話には、ついに一度もならなかった。

双六は東海道膝栗毛と呼ぶには、あまりにも曼荼羅が広がって、収拾がつかず、ひとまずフューズを上げようと内心忸怩の「腰まで泥まみれ」（中川五郎（1949‐）、ブコウスキー（1920‐94）の翻訳者って本人怒るか。岡林信康（1946‐）、高石ともや（1941‐）と並ぶフォークソング三人の一人。大ヒットした『受験生ブルース』は原詩はゴローさんだった）ではあっても、上京してからはニューサイエンスや暗黒舞踏、ゼロ次元なんかも知って、だから、だから？ そう❶「炎―あなたがここにいてほしい」の邦題を巡る阿木譲（1946‐2018）と菅野ヘッケル（1947‐）との「包装紙」論争と、❷名曲ながら実はニック・メソソン（1944‐）がリード・ヴォーカルだった、でも、ぼくはここ35年以上も聞き続けた「Scream thy last scream」については、これからまた、どこかで、いやNOTEにすぐにでも、書こうっと。

案外コレからなんじゃないかな「シドの復讐」は。

（やまざき・はるみ／編集者）

Special thanks: 足立組、鬼頭正樹、坂本葉子、フォーエバー・レコード

CROSS TALK / YOU ISHIHARA × MASATO MATSUMURA

対談 石原洋 × 松村正人

ミュージシャン／音楽プロデューサー　編集者

封印された星々

現象としてのシド・バレット

PART 1

「よくわからないからありつづける」（松村）

シド・バレットについて考えるとき、伝記的な事実から作家性を深く読み込んでいくやり方と、作品やイメージ、それらがつくる余波をふくめ、多角的に考察し輪郭を浮かび上がらせる方法があるのだとすれば、石原洋の思考の力線は確実に後者を示している。かつて石原みずからギター、ヴォーカルをつとめたホワイト・ヘヴンやその後身としてスターズ、ゆらゆら帝国やオウガ・ユー・アスホール、ちかごろではエクスネ・ケディないし井手健介のプロデュースワークでみせる、引用と変容、あるいは生成と発展を前にすれば、この見立てはたしからしいと思えるのだがはたして。多岐におよぶ話題は飛び石にも似た軌跡を描き、気づけば、シド・バレットという現象へ迷い込むかのようであった――。

松村　石原さんが栗原ミチオさん、荒川康伸さん、さきごろ逝去された亀川千代さんとともに活動されていたスターズはシド・バレットがフロイド脱退後にジャック・モンクやトゥインクとケンブリッジで結成したスターズに由来するんですか。

石原　そういうわけではないです。僕が前にやっていたバンドがホワイト・ヘヴンだったので、ヘヴンにたいしてスター――、それだけです。

松村　まったく無関係とは思えないですけどね。

石原　だれも知らないということでは同じかもしれないですけどね。実際シドのスターズの音源は残ってないじゃないですか。

松村　残ってないですね。でも残っていないからこそ、幻を補完するためにスターズと名乗ったという見方もできますよ。

石原　あとは、子どものころ、天体や星座が好きで、天体望遠鏡で観察したり星座早見盤を飽きずにいじったり、星座の名前の由来を調べたり、プラネタリウムに通った経験も影響しているかもしれません。野尻抱影の本を読み、「天文ガイド」も講読していましたから。結成前に、ギターの栗原ミチオと四方山話をしていたときに、彼も同好の士だとわかって、であれば、ということでスターズにしようか、と。

松村　私はシド・バレットありきのスターズとばかり思いこんでいました。

石原　残念ながらそうではありませんが、そう思いこんでいる人もいるかもしれないですね。まったく頭になかったかといわれると、そうでもないかもしれないですし。

松村　であれば、石原さんがシド・バレットの存在を最初に音楽的に意識するきっかけはなんだったんですか。

石原　僕の年齢だとどうしても後追いなんですね。ソロのファーストもセカンドも１９７０年で、そのころ僕はまだ小学生なので当然聴いていません。最初はやはりピンク・フロイドということになります。中学生のときでした。『狂気』がリアルタイムなんでよ。

松村　１９７３年。

石原　そうですね。そうなるとやっぱりそこから遡りますよね。

松村　『狂気』自体どう聴きました？

石原　ロックを聴きはじめたところで、最初はＴレックスが好きでした。そのころ一般的にも大人気でしたし、それまで聴いたことのない音楽でした。そのあとプログレッシヴ・ロックというものの存在を友だちから耳にして、『狂気』を聴いて、全部で1曲になるという手法を知ることになります。ただ一聴して好きになったかといえば、そうでもなく、起承転結がありながらも一定のテーマとムードで1枚のアルバムがつくられている、いわゆるコンセプト・アルバムですが、そういう手法があるのを知りました。と同時に、彼らはそれ以前にもいくつかレコードを出しているというのがわかったので、一枚ずつ聴いて、好きになったのが『神秘』でした。中古盤で中学校のとき購入しましたが、すごくとっちらかったアルバムだと思いました。

松村　あのとっちらかり方がいいですけれどもね。

石原　過渡期といえば過渡期ですよね。

松村　ややフリーキーですしね。

石原　そうですね。アルバム全体として非常に気に入ったんですが、最後の「ジャグバンド・ブルース」が未消化のまま、しこりのように残った憶えがあります。ただ当時はほかにもいろんなアーティストの興味深いレコードが出ていますし、シド・バレットのソロまではなかなか手が回りません。シドのソロをまともに聴いたのは、ファーストとセカンドのカップリングが出たときです。

松村　74年リリースの、邦題では『シド・バレット／何人をも近づけぬ男』という2枚組ですね。

石原　中2か中3くらいですけど、それではじめてちゃんと聴いたという感じですね。

松村　どのような印象をもたれましたか。

石原　ピンク・フロイドとは全然ちがうと思いました。

松村　好き嫌いのようなものをおぼえましたか。

石原　そのころはピンク・フロイドの方が好きでした。ただ『炎』（1975年）はレコード会社移籍もあって雑誌等では大騒ぎで、発売時に買いましたが、期待していたものではなかった。『アニマルズ』（1977年）まではいちおうリアルタイムでつきあっていたんですが、その後は買わなくなります。『ザ・ウォール』（1979年）とか、いまだに聴いてないんですよ。

松村　だんだんピンと来なくなった？

石原　ちょうどパンクの時代が来ていたので、リスナーとしてはそれどころじゃなかったということです。パンクのとき、ピンク・フロイドのようなプログレッシヴ・ロックがいったん自分のなかから消えたんですよね。

松村　ジョニー・ロットンがピンク・フロイドのバンドTに「I Hate」と書き足したというエピソードと同一線上の問題意識ですか。

石原　その話にはそれほど影響は受けなかったけど、基本的にパンク、ことにニューヨークとロンドンのパンクが一緒に来たときは、ピンク・フロイドは手法としてももう古いとは思いました。同時に、新しい無名のグループがワッと出てきて、興味の矛先がそちらに向かったんですね。となると、雑誌メディアなどではムーヴメントに乗り遅れたミュージシャンたちをオールドウェイヴと揶揄するような、どうしても色褪せて見えてしまう側面もありました。僕はそのころ高校生だから、同時代の人たちの表現と、世界中で起こっているムーヴメントのほうが俄然面白く、興味を惹かれました。そこからピンク・フロイドはしばらく聴かなくなりましたが、シド・バレットには「これはなんだろう」という感覚が消えなかったんです。ひとりよがりかもしれませんが、僕はある音楽と接したときに、あっ、これはあれだと、すぐに自分の中で置く場所を判断できるんです。一方で、これはなんなのか、自分のなかでどこに置いていいのか、わからない場合もあって、そちらのほうがかえって捨てておけないというか、ずっと残るんです。

松村　よくわからない、違和感をおぼえる、であるがゆえに消化できないままありつづけるということですね。ほかに似たような例はありますか。

石原　パンクの時代であれば、ドイツのロックですよね。パンクが来るまで、クラウス・シュルツェとかタンジェリン・ドリーム、アシュ・ラ・テンペルなどは好きで聴いていましたが、ノイ!やカンとはまたちょっとちがうじゃないですか。あるとき、ジョニー・ロットンがインタヴューで「カンやマグマが好きだ」と答えていてびっくりしたことがあるんです。やっている音楽とのちがいにも驚きましたが、それ以上に同じような世代で似たような音楽の聴き方をしている人がパンクをやっているということの驚きですね。それと、ヴェルヴェット・アンダーグラウンドです。これはもう少し前、14歳あたりのことです。それまでヴェルヴェットは日本盤が出ていなくて、最初に出たのが73年くらいなんですよ。それもファーストだけで、途中を飛ばして、なぜか『スクイーズ』がほぼ同時に出たんですよ。

松村　『スクイーズ』のリリースが1973年なので、むしろ『スクイーズ』にあわせてファーストを出したというほうが正しいかもしれないですね。でもそれだと全体像はつかみづらそう。

石原　ルー・リードの『ベルリン』(1973年)は普通に聴いていました。雑誌の「音楽専科」や「ニュー・ミュージック・マガジン」でルー・リードの特集があって、ヴェルヴェット・アンダーグラウンドを輸入盤で紹介しているんですが、とにかくすごい、というようなことは書いてあるんだけど、聴いていないからなんだかわからない。妄想だけが膨らみますよね。それもあって、73年に日本盤が出て、あわてて買ったんですよ。たしかそのときも雑誌に1ページ広告が出ていて「まるで麻薬を吸ったみたい」というコピーに、煙のなかにバナナのジャケットが飾ってあるというようなデザインでした。これは聴かないといけないと思い、買ったはいいけど聴いたらペラペラ(の音)で、思ってたよりポップで地味だしどこがすごいのかわからない。アヴァンギャルドなのも「ヨーロピアン・サン」ぐらいなもので、音がなにより当時としては古くさく感じた。今考えると67年の作品なので当たり前ですが。だからといって捨てるわけにはいかず、とっておいていたんですけど、ニューヨーク・パンクが出てきたころにテレヴィジョンのデビュー盤を聴いて、この感じはどっかで聴いたことあると思い出したんです。それで『ヴェルヴェット・アンダーグラウンド・アンド・ニコ』もう一度聴いてみたら、つまらなかったはずのものが急に面白くなった。知識が増えたり感覚が変わったりしていくなかで波長が合うようになったという感じですね。シド・バレットも似たような理解の仕方だと思います。

松村　それまでぼんやりしていた対象に急にピントがあって像を結ぶという感じですね。シドにかんしても、ヴェルヴェットのときのような遡及的な発見のきっかけを考えたいですね。

石原　シド・バレットは僕らの世代には一般的に流布されたイメージが大きすぎたんですね。75年の時点で、いわゆる「狂気の天才」とか「ドラッグでダメになって狂った人」みたいな評価がすでに存在して、われわれはそれを踏まえて聴くしかない。それが『シド・バレット　独りぼっちの狂気』を見るとあながちそうでもなかったのではないかとは思い直しました。たしかにピンク・フロイドのセカンド・シングルがヒットしてアメリカツアーに行って、あのころのドラッグの乱用とそれに付随する混乱はあったかもしれません。ただ映画を見ていると、もともと鋭敏な感性、持って生まれた共感覚のようなものが彼にはあって、ドラッグがそれを増幅し、ひとが一生とはいわないまでも、半生かけて受けとるほどの刺激や感覚をごく短期間に浴びてしまったのではないか。そういう気がするんですよ。とにかくつかれているじゃない？　ピンク・フロイド在籍時の後半からソロに至るまで。

松村　たしかにつかれている気がします。スピード感がちがうというか、緩慢ですよね。シドの音楽はそういう背景から生まれてきたものだと、石原さんは思いますか。

石原　感覚の回転するスピードが速すぎて外からは緩慢に見えるんですよ。ピンク・フロイドとなるとまた別物だと思うんですが、シドの音楽はね。ことにソロ・アルバムの弾き語りの楽曲はもちろん、バッキングにエレキギターが入っている楽曲は特殊だと思います。ギターソロともいえないようなソロがキュンとかピンと鳴っているのがほとんどですが。たしか『バレット』が出たあと、しばらくしたころのインタヴューで「もしいま、あなたはミュージシャンですか、絵描きですか」と訊かれたら「絵描き」と答えるだろうと発言している記事を読んだことがありますが、あのギターはペインターの感覚なのではないかと思うんです。

松村　ギタリストとしてはかなり異質だと思います。巧くないけどアマチュアっぽさを押し出すわけでもなく、ギタリスト然としてもいない。

石原　アヴァンギャルドなギターを弾くひとはいくらでもいますが、そういう感じでもないんですね。そういったひとのほうがもっと理にかなっているといいますか、シドのギターは頭でつくったイメージとしてのアヴァンギャルドではないんです。かといって無の境地で狂ったように弾くわけでもない。あちこちにピュンピュン音が飛び散る感じと、あのコード進行ですよ。『夜明けの口笛吹き』に顕著ですけど、ことに「スクリーム・ザイ・ラスト・スクリーム」というシングル候補だったものの、発売を見送ったこの曲は本当に驚異的です。（コードが）上がって降りて、上がって降りてのくりかえしですから。

松村　純粋階段みたいですね。

石原　そうそう（笑）。シド・バレットにはそういうのがすごく多い。フロイドのLPの1曲目（「アストロノミー・ドミネ」）からして「あー」といいながら落ちていく感じ。ゆっくり上がったかと思えば、また落ちる。

　あえて似たのを探すとマーク・ボラン（T・レックス）の「ザ・スライダー」。あの曲のターンターンターンターンときてフッと落下していく感じ、あの踏み外す感じがすごく似ている。かなりドラッギーだとは思いますが。ただ「スクリーム・ザイ・ラスト・スクリーム」は本当にただそれだけでなりたっていて、そこにペインティング的なギターが飛び散っている。視覚や聴覚を超えた、まったく別の領域に訴えかけてくるような気がしますね。あろうことかメインをニック・メイスンに歌わせていて、自分の歌は変調されて虫みたいな声になっている。

サイケデリック総括

松村　シドやピンク・フロイドの初期は音楽ジャンルでいえば、プログレッシヴよりもサイケデリックに親和的だと思います。1967年デビューという時代性とも切り離せません。石原さんはシドのいたころのUKのサイケデリックな音楽の動向について、どのように総括しますか。

石原　アメリカとまったくちがうところは、あっちはフラワー・ムーヴメントがありヴェトナムがありステューデント・パワーがあって、ずっとむかしにはビートニクがありましたが、イギリスは純粋にファンタジーに近い。ピンク・フロイドも、シド・バレットも、童話を題材にすることがあるし、同時代のレコードを出したバンドの音を聴いてもそのような印象を受けますよね。カウンター・カルチャーとしての役割を考えると、モッズのほうがむしろ強かったんじゃないですか。

松村　ファンタジーであるということは虚構的であり、ファッションでもあり、アメリカほど濁ってもいない。

石原　イギリスには長時間演奏でトリップするというようなバンドもあまりなかったですよね。

松村　一方でサイケデリックの歴史的な代名詞となると『サージェント・ペパーズ』ということになりますよね。ビートルズがアビー・ロードで録っていたとき、フロイドもこぶりなほうのスタジオで

『夜明けの口笛吹き』をレコーディングしていたという、初期のサイケデリック・カルチャーの申し子的な側面もフロイドにはあります。

石原　ただピンク・フロイドのファーストに似た感じのアルバムは他にはないんですよね。

松村　影響力がないということですか。

石原　そういうことでもないんですが、その時代のサイケで、これはシド・バレットっぽいといわれて聴いてみるとたいがいがドノヴァンみたいなんですよね。ドノヴァンとシド・バレットはちがいます。

松村　それを言葉にするとどうなります?

石原　言語化するのは難しいですが、あきらかにちがいます（笑）。おそらくドノヴァンには不安定な要素や神秘性がないのでしょう。

松村　アメリカのサイケデリック・ロックとの関係でいえば、フロイドの「星空のドライブ」のもとになった、ラヴについてはどうお考えですか。

石原　ピーター・ジェナーが聴かせたという件ですよね。あれも（コードが）下降していきますね。おそらくあの音の移行が気に入ったんでしょう。

松村　間接的にも、現在の再評価を考えても、ラヴの影響力は大きいと思いますが。

石原　近年いよいよそうなんじゃないですか。とくに『フォーエヴァー・チェンジズ』（１９６７年）とかね。『ペット・サウンズ』（１９６６年）と同じくらい評価されているし、サイケ好きなひとのあいだでは『フォーエヴァー・チェンジズ』をベストに挙げるひとは昔から多いです。

松村　ラヴの装飾的で抒情的な側面はシドもなじみやすかったのかもしれないと想像しますけどね。アメリカではほかにはザッパみたいな――。

石原　ビーフハートとか。

松村　そうです。フリークアウト的な音楽のイギリスへの受容と、シド・バレットとの関係を考えることがあります。

石原　シド・バレットがザッパを聴いたかはわかりませんが、フロイドのファーストの「バイク」の最後のほうに変調された声のようなヘンな音やミュージック・コンクレートが入っているんだけど、あれがピエール・アンリだという話を聞いたことがあります。まったく同じ音がピエール・アンリの１９６０年代のアルバムにあるという話です。僕は検証していないからなんともいえませんが、もしほんとうならピエール・アンリを聴いていたということになりますよね。

松村　当時マネジメントをしていたピーター・ジェナーがＡＭＭも担当していた縁で交流があったという話がありますよね。それをふまえるとピエール・アンリを聴いていてもおかしくないですよね。

石原　ＡＭＭのギタリスト、キース・ロウに影響を受けたのでは、というひともいますからね。昔ロンドンに行ったときに泊めてもらったひとがいて、僕より年上の方でしたが、１９６７年にピンク・フロイドを見たというんですね。シド・バレットがいたときだから「それはすごいですね。どうでしたか」と話をふると、ちょうどその時期はソフト・マシーン、ティラノサウルス・レックス、インクレディブル・ストリング・バンドにＡＭＭ――、次から次へと聴いたこともないような音楽がいっせいに出てきていて、フロイドはそのなかのひとつではあっても、突出してインパクトがあったわけではなかった、というんです。多数のなかのひとつにすぎなければ、だれの目にも止まらず、消え去る可能性すらあったということになります。

松村　逆にいうと、パンクがムーヴメント化したように、多数であるからこそ生き残ったということはいえないですか。

石原　パンクのときはイギリスでもスモール・レーベルが乱立して自主制作盤がつくれましたが、60年代のアメリカにはそのような機会があっても、イギリスにはほとんどなかったと思うんですよ。大きなレーベルのサブレーベル、たとえばハーヴェストとかね、そういうかたちではあったとしても。だからけっこうレコードとして残ってないバンドとかもあるかもしれない。もちろん発掘されるバンドもあるでしょうけどね。

松村　ピンク・フロイドがいてソフト・マシーンがいて、ＡＭＭが活動し、ティラノサウルス・レックスがいてという状態はなかなかすごいですが、音楽性が明後日な関係なのがまたすごいですよね。それらがロンドンという狭い空間に集中している。おそろしい密度です。

ギタリスト＝シドふたたび

松村　シドのギタリストとしての特異さはもうすこし考えたいです。シドの音響感覚を裏書きする側面だとも思うので。

石原　デイヴ・ギルモアがスライドを教えたとか、キース・ロウの影響でギターを寝かせて演奏するようになったとか、いろんな説がありますが、本人のコメントがあるわけではないのでなんともいえないんですよ。僕はペイント的な感じっていうのが、自分のなかではしっくりきます。

松村　『夜明けの口笛吹き』はモノ盤で聴くとシドのギターが石原さんの喩えにしっくりくる感じで聞こえるんですね。それがステレオの定位をとると、空間のなかに蒸発するというか、全体の一部になっている気がします。

石原　あれはモノとステレオ両方出ているんですよね。シドのソロはどうですか？

松村　気になったのは音響というよりは

主体の置き所ですよね。シンガー・ソングライターのアルバムなのに主体性というか当事者性というんですかね、そういうのが希薄で、バンドサウンドだからといってバンドの音楽でもない。

石原　アシッド・フォークといっちゃえば、それで終わるみたいな感じだけど、全然そんなものではないと思うんですよ。

松村　アシッド・フォークについてはどうなんですか。

石原　アシッド・フォークといわれて僕がすぐ想起するのはパールズ・ビフォア・スワインですよ、それならわかる。シド・バレットは巷でいわれている意味でのアシッド・フォークとはちがいます。というよりも、やっぱり僕はディランとブルースを異化したもの、個人の特殊な感覚によって異化されたものという言い方はできると思うんです。たとえばセカンドに入っている「メイシー」なんて、ほとんど戦前ブルースというか、再発見後のペグ・レグ・ハウエルみたいで、白人があんなにヘヴィな声とタイム感でブルースができるのはすごいと思う。シドの10年くらい後にアラン・ヴェガもセカンド・アルバム（『Collision Drive』１９８１年）で「Viet Vet」という強力なブルースをやっています。あの曲はヴェトナム戦争がテーマとしてありますが、シド・バレットのブルースは本当にパーソナルなところから来ている。なにかのカウンターではないんですよね。ある私性を突き詰めるとあそこまでヘヴィなものができる。最後にヒューと、口笛で終わるところとか、本当にゾッとします。

松村　ソングライター、メロディーメーカーとしてのシドについてはどうお考えですか。

石原　すごくブリティッシュっぽい。ここでいうブリティッシュっぽさというのは、僕らが70年代の音楽を聴いて、「これイギリスっぽいね」という意味でのイギリスっぽさですね。声と歌がやっぱりすごく魅力的ですよ。

松村　ただ因数分解はできるけど、総体として比較できる対象はあまり思いつかない気がします。

石原　シド・バレットが好きで、憧れてやる人は70年代後半くらいからいろいろ出てきましたね。ロビン・ヒッチコックとかジュリアン・コープとか。でもやっぱりちょっとちがうんですよ。

松村　もっとメジャーな例でいうと、それこそデヴィッド・ボウイやマーク・ボランがシドに憧れていたという話はよく耳にしますよね。彼らとシドの似ているところ、あるいはちがうところについては石原さんはどう思われますか。

石原　ボウイはクリエイターという感じではないんですよね、僕にとっては。

（ｐ１４０へ）

Text for Barrett

音楽の外からの使徒

シド・バレットと前衛音楽

松村正人
Masato Matsumura

ミステリや海外文学の翻訳家にして映画やジャズの紹介者〜批評家でもあった植草甚一が「スイング・ジャーナル」１９７０年９月号によせたテキスト[1]に「現代音楽にむかう若い人たちの心理」がある。題名から察するに、クラシックのいち分野として１９５０年代に隆盛をみた前衛的かつ実験的な音楽の総称としての現代音楽の最新動向をふまえつつ、難解で高尚であるがゆえに一般的にはとっつきにくいはずの現代音楽にひかれる若者の心理をおしはかる内容と思いきや、中身はＪＪ氏らしく海外雑誌の記事の紹介で、昨年――というからには69年――、ベルギーとの国境にほどちかいフランスのアムジーで開催した音楽フェスのリポートの抄訳が誌面のほぼすべてをしめている。音楽祭の名称は「ポップとフリー・ジャズと現代音楽の第一回ヨーロッパ・フェスティヴァル（以下欧州祭）」といい、フランスの音楽レーベルＢＹＧの主催で、開催期間の8月24〜28日の5日間、アムジーには当初予想の3倍ちかい15万もの人手があったと主催者のひとりジャン＝リュック・ヤングはのちに述べている。[2] ＢＹＧのＹにあたるヤングはのちにセルロイドをたちあげるジャン・ゲオルガカラコス（Ｇ）とピエール・バルーのサラヴァにいたフェルナンド・ボルソ（Ｂ）とともに１９６７年にＢＹＧをたちあげた創設者のひとり。レーベルの狙いは当時隆盛にむかいつつあったジャズや前衛系のフリーな音楽の市場の獲得にあった。いまからするとおそるべき皮算用というほかないが、バーナード・ストールマンがアイラーら幾多のフリージャズ作を世に問うたＥＳＰを米国東海岸でたちあげたのが１９６４年、欧州の地でコンテンポラリーなジャズ表現を探究するマンフレート・アイヒャーのＥＣＭが69年創設ということを考え合わせると、ＢＹＧは両者を橋渡す存在だったとみなせなくもない。おりしも１９６７年６月末にはサンフランシスコでモントレー・ポップ・フェスティバルが、翌年にはワイト島の音楽祭の１回目が、欧州祭の一週間前にはかのウッドストックが十万単位の観客をあつめている。ついに機は熟したか、とみなしてもおかしくない。いなむしろこれ以上の好機はのぞむべくもない。

ヤングらの算盤がいかような音を立てたか、あるいは使命感だけを支えにやってのけたのか、真相を追うのは本稿の任ではないが、５日間におよぶ各日のラインナップをみれば、フェスにかける意気込みがうかがえる。出演者はポップ、フリージャズ、ニューミュージック（現代音楽）にわかれていて、たとえば初日にあたる69年10月24日はテン・イヤーズ・アフターとコロシアムなどがポップで、アート・アンサンブル・オブ・シカゴ、サニー・マレーらがフリージャズ、ニューミュージックの枠を占めるフリー・ミュージック・グループなる集団についての詳細は不明だが、設立２年ほどの新興レーベルの主催企画としてはなかなか堂に入っている。

どうやらこれには米国フリージャズ勢のうち何組かが69年７月にアルジェで開催した汎アフリカ・フェスへの出演のついでに足を伸ばしたというのが事情もあるようだが、そのことも措く。問題はこのような先鋭的なイベントが当時すでに欧州の地でフェスの形態で開催しており、２日目にピンク・フロイドが出演しているということである。69年なので『モア』と『ウマグマ』のころで、シドは抜けギルモアが後釜に坐っている。ふたたびＪＪ氏にご登場いただくと、このときの彼らの演奏について記事は以下のように報告しているようである。

「ピンク・フロイド——このロック・グループはＳＦの世界から来たような不思議なサウンドを出す。クセナキスが、そうしたサウンドに音楽的価値をみとめただけあって、現代音楽と比較することもできるのだ」

クセナキスのくだりはソース不明のため真偽不詳だが、執筆者（ＪＪ氏ではない）はピンク・フロイドのサウンドの特徴を強調し、それが現代音楽と比較可能だとも述べている。ＳＦとはおそらく宇宙的というほどの意味で、のちにスペースロックなるレッテルを貼られたとき、当人らは嫌悪感をしめしたそうだが、宇宙時代のまっただなか（アポロ11号の月面着陸は欧州祭の三月前）のこととてやむなしとみるべきか。留意すべきは彼らの演奏を形式的、技巧的側面からとらえていないこと。引用文に見えるサウンドの定義もまた曖昧だが、歌や演奏の記譜的な問題ではないという意味であろう。すなわち響き、であると。

　ではその響きとはどのようなものかといえば、さいわいなことに、このときのピンク・フロイドのステージは２００６年にオーディエンス録音がみつかり、プロショットとのミックスで『The Early Years 1965 - 1972』（p94）収めるところとなった。そのうえ4Kレストア映像を動画共有サイトの公式チャンネルで拝めるともなれば、現代人冥利に尽きるというほかないが、感慨もそこそこに、映像に目をむけると、まばゆいばかりに若々しいメンバーのみずみずしい音響実験の数々が飛び込んでくる。

　その内実はバレットからギルモアへの移行期の典型だが、ギルモアの立ち位置が定まりきらないぶん全体の響きが前に出てきている。サウンドにいまだシドの残響が漂っている。漂ってはいるが、67年のＵＦＯでエコーマシーンを数台かませて事物としてのギターそのものから音を引き出していたころの野放図な実験性は影をひそめ、審美性が前景化している。「星空のドライブ」ではフェスのアイコン役のザッパが客演し、音による対話を試みるが、探り探りのセッションが最終的に整っていく過程で、バレットのころのあの多様で過剰な響きは削ぎ落とした感もある。

　むしろこのときの出演者からシドのころの音響（実験）感覚にすこしでもちかそうなひとたちを探すなら、最終日が明けた朝、ウッドストックでいえばジミヘンの枠に登場したムジカ・エレットロニカ・ヴィヴァであろう。アルヴィン・カラン、フレデリック・ジェフスキ、リチャード・タイテルバウムら総勢15名とオーディエンス――就寝中のもの多数――をふくむこのときの演奏は『The Sound Pool』（１９７０年）で聴くことができるが、欧州祭に多数居並ぶ、フリージャズ系の演奏家および演奏集団と較べても、彼らの混沌感は半端ではなかったであろう。方法は集団即興だが、文法はジャズにあらず、後半のパートで人声をもちいる点はコーネリアス・カーデューが「大学」（１９７１年）などにもちいる声、もたざるものの楽器としての声、それらの共同的運営としての合唱――という政治的ニュアンスこみで、共振すると私は考える。カーデューは英国の作曲家で、シドがピンク・フロイドにいたころ、即興集団ＡＭＭの一員でもあった。ＡＭＭについてはシドのめんどうをみていたブラックヒルのピーター・ジェナーがジョン・ホプキンスらとたちあげたＤＮＡなるプロダクションが『AMMMusic』（１９６６年）

を制作したことで類縁性を指摘する声も多い。シドの演奏にAMMのキース・ロウの影響があるというのはマーク・ブレイクの著作[3]の知見の敷衍だろうが、AMMとMEVにはスプリット盤『Live Electronic Music Improvised』（1970年）の存在があり、エレクトロアコースティックの波と作曲家による即興の探究は60年代の前衛の伏流とみなしてもよいかもしれない。
　AMM、MEVしかり、モリコーネがいたフランコ・エヴァンジェリスティのグルッポ・ディ・インプロヴィゼオ・ヌオーヴァ・コンソナンツア、アシュリーやオリヴェロスやバーマンらのワンス・グループ、小杉武久らのタージ・マハル旅行団をここに加えてもいい。即興やノイズという、既存の音楽イディオムの外に広大な領域が広がっているというのはケージを筆頭とする20世紀音楽の大前提であり、20世紀中葉には人跡未踏の荒野や荒れ狂う大海でもあるかのようにそこに踏みだしていく作曲家も少なくなかった。バレットをそこに加えるのはいかにも牽強付会だが――というよりむしろ、バレットこそ音楽の外がロックへ、ポップへ、ヒットチャートへ使わせた使徒だったのではないか。1960代後半の数年は世界とバレットが行き交うのに要した時間だったか。その時期に文化の前衛が最高潮に達したのは偶然とは思えない。私は神秘主義的な意味でそういっているのではない。ただあらゆるものが既知でなりたつ領域の外にこそ創造の源泉があると考えるのである。

（まつむら・まさと／編集者）

1　「現代音楽に向かう若い人たちの心理」（植草甚一スクラップ・ブック23『コーヒー一杯のジャズ』晶文社）117ページ
2　“ACTUEL FESTIVAL”
https://www.bygrecords.com/actuel-festival
3　マーク・ブレイク『ピンク・フロイドの狂気』（中谷ななみ訳、伊藤英嗣監修、P-Vine BOOKS）108ページ

シド・バレットという「詩人」

言語表現者としての彼を考える

茂木信介 Shinsuke Motegi

Text for Barrett

このところ、シド・バレットをめぐる動きが再び活発になっている。今年4月にはシド・バレット・エステートを中心にYouTubeの新しい公式サイト〈Syd Barrett Official〉が開設されたし、翌5月には新しいドキュメンタリー映画『Have You Got It Yet? The Story of Syd Barrett and Pink Floyd』が英国で公開された。シドが2006年7月に逝去して以来、既に17年が経とうとしているにもかかわらず、音楽シーンにおける彼のプレゼンスはまったく衰えることがない。

そもそもシドという存在は、いくらでも「語れてしまう人物」である。「ティー・セット」という一介のR&Bバンドをメジャー・シーンに引っ張り上げてピンク・フロイドという巨大レジェンドへの道すじを切り拓いたアーティストであり、UKシーンにおけるサイケデリアの頂点を極めた天才マルチクリエイターであり、ドラッグに溺れバンドを去らざるを得なくなった妄執の人であり、音楽の才能に匹敵する特異なアートワークを多く遺した画家であり、じわじわと肥満する巨体を抱えながらこの世を去って行った隠遁者でもあった。

そのうえ、フロイドでの在籍期間は4年足らずだったにもかかわらず、〈狂人は心に（Brain Damage）〉や〈狂ったダイアモンド（Shine On You Crazy Diamond）〉などフロイドの代名詞的楽曲に濃密な影を落とすなど、ロジャー・ウォーターズたちのメンタルを深く強く、そして長く揺さぶりつづけた存在でもあった。並みの伝奇小説が蒼ざめるほどの物語の宝庫と言える。けれど、そのように拡散されたパブリック・イメージの奥に潜む、ソングライターとしてのシド・バレット、さらに突き詰めれば、歌詞という言語表現を遊び尽くしたアーティストとしてのシド・バレットは、恐ろしくピュアで危うい「ダイアモンドの原石」として、半世紀余りの時の風化作用などものともせず、圧倒的かつ普遍的な輝きを持って2020年代を生きる私たちの感性に迫ってくる。

『シド・バレット全詩集』では、シドが遺した全52曲の「詩篇」（「歌詞」ではあるが、あえてここではそのアート性／文学性にリスペクトを捧げつつ「詩篇」と言いたい）がアルファベット順に並べられているが、ここから浮かび上がってくるのは、まぎれもなく人並外れた言語表現者の相貌である。デヴィッド・ギルモアもロジャー・ウォーターズも異口同音に（周知のように、既に数十年にもわたって犬猿の仲にある両者だが、シドに対する評価は見事に一致している）、「ロック史上でも屈指のソングライターになりうるポテンシャルを持ったアーティスト」としてシドを礼賛しているわけだが、あらためて彼の全作品を一望するとき、二人の思いがけっして誇張ではないことを実感できる。

とはいえ、それを日本語に変換する作業は或る意味で無謀な試みであり、シドの世界に精通した御仁からみれば、「そんなことが成立するのか？」と疑問を持たれるかもしれない。しかし、シドの「詩篇」の決定稿がこれだけしっかりと編纂された原書が刊行された以上、その凄みの片鱗だけでも、より多くの日本のロックリスナーに認識していただきたいという想いが募ったのは事実である。

〈アップルズ・アンド・オレンジズ（Apples and Oranges）〉のようにビバップなポップ感覚がはじけたもの、〈アーノルド・レーン（Arnold Layne）〉や〈ボブ・ディラン・ブルース（Bob Dylan Blues）〉、〈ダブル・オー・ボー（Double O Bo）〉のように皮肉と捻りがたっぷりのアイロニー、〈ベイビー・レモネード（Baby Lemonade）〉や〈暗黒の世界（Dark Globe）〉のようなダークな心の襞に分け入った世界、〈天の支配（Astronomy Domine）〉や〈第24章（Chapter 24）〉などノーブルな象徴主義詩とシンクロした世界、〈興奮した象（Effervescing Elephant）〉や〈ジゴロおばさん（Gigolo Aunt）〉、〈ウルフパック（Wolfpack）〉のごとく「凶暴なメルヒェン」を現代に蘇らせた作品、〈マチルダ・マザー（Matilda Mother）〉や〈タコに捧ぐ詩（Octopus）〉、〈ラット（Rats）〉など迷宮的に入り組んだアナザー・ワールドの物語——こうして列挙してみると、シドの詩的世界は、まったくとんでもない「イマジネーションの綺想体」であることがわかる。

ちなみに、ロブ・チャップマンの精密も極まれる「序文」（シドのキャラクターが憑依したかのようにファナティックでアグレッシブな解析！）にも詳述されているように、文学青年だったシドの作品には、いわゆるパスティーシュ（模倣技法）が氾濫しているわけだが、それがけっしてありきたりな「なんちゃって詩篇」に堕すことなく、とほうもない言語的スリルを生み出すに至っているのは、天才的と言うしかないシドの表現力に拠るものだ。そこに、生まれつき備わっていたシナスタジア（共感覚）が、こうしたイマジネーションの飛翔をさらにバーストさせた一面もあったに違いない。

だから、ケネス・グレアムやヒレア・ベロック、ルイス・キャロル、エドワード・リア、J・R・R・トールキン、さらにはシェイクスピアやジョイスまでの影響（時には、あからさまな剽窃?）まで取り沙汰されようとも、この52の詩篇には、そんなパスティーシュがどうのこうのという次元を遥かに超えた、唯一無二のオリジナルなスリルが炸裂しているのだ。それこそが、言語表現者としてのシド・バレットの凄みであり、矜持である。

とはいえ、シドの「詩篇」は大きく英文法をはみ出したレトリックがふんだんに用いられているし、原文のままネイティブスピーカーが読んでも意味やロジックが一貫していないものが多く（いわゆるシュールリアリスティックな自由詩法とかナンセンス詩法めいた、言ってしまえば言葉遊び的なもの、意味の通りよりも押韻の面白さを優先したものも多々ある）、和訳する際の解釈は、その多くの「詩篇」でたいへん悩ましいものがある。また、無理やり意味の通りだけ優先して辻褄を合わせようとすると、日本語のみで読んだときに、まったくつまらないものになってしまうリスクもある。

そのため、できる限り意味が通じるところは誠実に解釈するよう試みながら、同時に、和訳だけを読んだときにも原詩のスリリングな面白さを連想することができ、シド独特のグルーヴを感じられるように最適な着地点を探ってみた。とはいえ、筆者の翻訳実力の限界もあり、どこまで成功しているかは読者の判断に委ねるしかない。もろもろのご指摘は、甘んじて謙虚に受けとめようと考えている。願わくはこの翻訳詩集が、シド・バレットという稀有な普遍性と永遠性を持ったエクスクルーシヴな表現者にアクセスする、ささやかな「踏み台」となってくれたら幸甚である。

（もてぎ・しんすけ／編集者、音楽ライター DU BOOKS note ページ掲載記事より——初出２０２３年10月30日）

サイケデリック・デザインとイギリス

河添剛

(TSUYOSHI KAWASOE)

ビートルズの『ホワイト・アルバム』でジャケットと封入ポスターをデザインしたリチャード・ハミルトンが「君たちビートルズはなぜザ・フールと親しくするのか。連中の絵画やデザインなどまさしく愚の骨頂ではないか」と、ポール・マッカートニーに向かって手厳しい苦言を浴びせたのは1968年のことだった。同年に前景化し始めるサイケデリック・ムーヴメントのにわかな退潮現象とは無関係に、ハミルトンのこの言葉がキッチュを敵視する真正の芸術家の立場に身を置く者のそれとして理解されなければならないのはもちろん言うまでもない。だがしかし、その一方で、サイケデリアの流行が当時のイギリスの若者たちにとっては実存的解放のあり方としてのひとつの規範、あるいは希望となったことも看過することはできない。

周知のように、66年には明白に顕在化しつつあったサイケデリック・カルチュアは、ドラッグ絡みの「意識の混乱」と密接に結びつきながら、コラージュ、ポップ、オップ、または旧套的なアール・ヌーヴォといった諸芸術のスタイルをせわしなく参照しつつ、グラフィック、ロゴ、写真、ポスター、レコード・ジャケット、雑誌、衣服、家具に対して、それ以前のあまねく灰色に覆われていたイギリスには到底ありえないものに他ならなかった、カラフルで、派手で、破天荒で、それゆえに楽天的にも見える、現象的には新たな意匠をもたらした。ビートルズのデビューを契機に新たに強い刺激を渇望するようになった当時の若者たちにとって、それはまさに「明日の表現」となったのだ。そして、その枠内において、ザ・フールはもとより、ハプシャシュ&ザ・カラード・コート、雑誌『OZ』のアート・ディレクターでもあったマーティン・シャープの仕事はとりわけ、たとえば初期ピンク・フロイドのアルバムと等しく語られるべき「シンボリックな」記憶となり、歴史化した。

(かわそえ・つよし/美術・音楽評論)

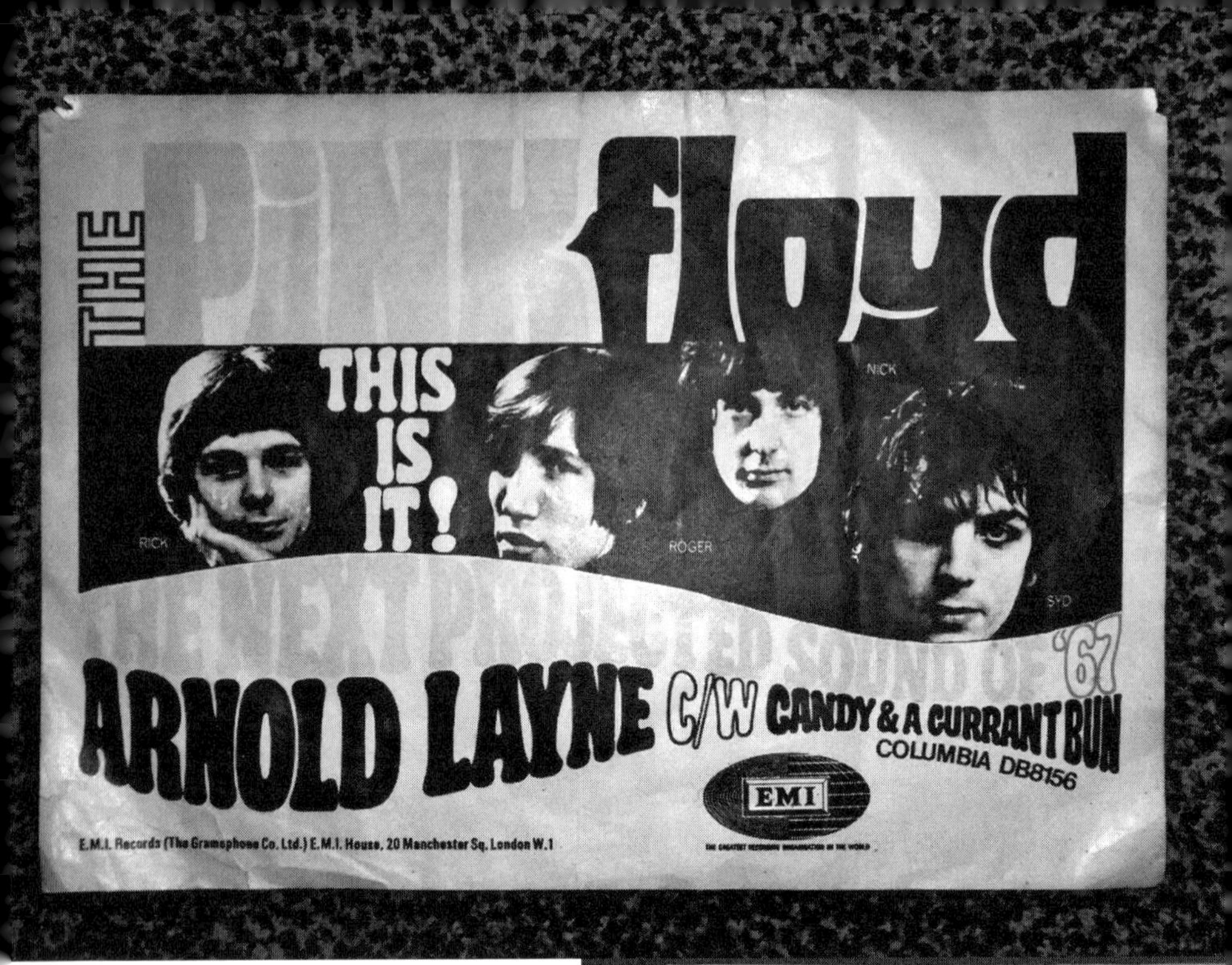

（上）ピンク・フロイドのファースト・シングル「アーノルド・レイン」用のプロモーショナルポスター（1967年）。（下）1966年の「IT（インターナショナル・タイムズ）」の創刊記念のイベントフライヤー。出演者はソフト・マシーンと、「The」がついていたころのピンク・フロイド。1950年代のロンドンはソーホー周辺を起源に、60年代にはワイルドなパーティ全般をさすようになった「RAVE（レイヴ）」の語がいちぶに浸透していたことがわかる。
©The Tsuyoshi Kawasoe Collection

（右上）ジョン・ピール、ティラノサウルス・レックスのマーク・ボラン、ロジャー・ウォーターズとニック・メイスンのサインが入った『インターナショナル・タイムズ（IT）』第34号（1968年）©The Tsuyoshi Kawasoe Collection（左上）クリームやジミ・ヘンドリックのカヴァーをデザインしたマーティン・シャープが発行人をつとめた「OZ」7号。（中段右）同じく「OZ」1970年の31号。下段はその中面。バックカバーにはフランク・ザッパ『チャンガの復讐』の広告を掲載。（中段左）ナイジェル・ウェイマス、マイケル・イングリッシュによるハプシャシュ＆ザ・カラード・コートの『Hapshash And The Coloured Coat featuring The Human Host And The Heavy Metal Kids』(Mint / 1967)

SOME SYD BARRETT COLUMNS

アシッド・フォーク

河添剛

さほど有名ではなく、商業的な意味では成功したとは到底言い難いフォーク・ミュージックの俗称「アシッド・フォーク」が、実態としてはおよそ厳密な定義らしきものを持たないただの惹句として曖昧に濫用され、文字通りマイナーなシンガー＝ソングライターはもとより、ドノヴァン、ティラノザウルス・レックス、インクレディブル・ストリング・バンドといった、「それなり以上に成功した」アーティストたちに対してまで広く適用され価値づけられる歴史的範例にすらなってしまっている今日の事態は、「ブラックバード」や「アクロス・ザ・ユニヴァース」のビートルズと同様に、初期ピンク・フロイドのいくつかのアコースティックな楽曲やフロイド脱退後のシド・バレットのそれをアシッド・フォークと呼ぶ、われわれのある種の批評的動向とはもちろん無縁ではない。そして、今世紀になってまたしてもあらためて注目されるようになった60年代のフランソワーズ・アルディの音楽が、ブリジット・セント・ジョン、ヴァシュティ・バニヤン、ディアネ・デノイール、果てはシビル・バイアーらの創造的源泉と見做されるようにもなっていることは、アシッド・フォークの定義をさらに曖昧なものにすることにのみ貢献したと言うことすらできる。

だが、もとより「アシッド」と聞けばただちに険しい目つきをしないと気がすまないような人々にとっては従来、仄暗い吐息、頽廃、諦念、やけっぱちの奇矯さ、孤絶感、不可解な酩酊感などを伴った、ドラッギーな感覚的屈曲を媒介とする陰影を帯びた審美的表現や、時に非西洋的なものに由来する反時代的あるいは異教徒的アプローチなどに、アシッド・フォークの概念的根拠がたずねられてきたのであったが、それはとりもなおさず、トラッドや等身大の人生を歌うばかりの定型的フォークなどにおける、いわば硬直したイデオロギーを逸脱あるいは解体し、その廃墟の上にオルタナティヴなフォークの幻像を絶え間なく出現させる、むしろ本質的には非歴史的な動向として理解されなければならないだろう。

(TSUYOSHI KAWASOE)

このうえなく関心を与えるものが今はないという理由で、音楽をいつの頃からか悪しき骨董趣味の対象と見做す習慣に汚染されていたわれわれが、近年になって、アシッド・フォークの原点としてのパット・キルロイのアルバム『ライト・オブ・デイ』を注目し直し、また歴史上最初に「アシッド・フォーク」という語を使用したとされるペリー・レオポルドの自主製作盤の再発見を無邪気に喜んでいたことは、まさしく黴の生えた批評が不毛な先駆者争いに屈服していることの反映に他ならなかった。

かつて私が監修したアルバム・ガイド・ブック『アシッド・フォーク』（シンコーミュージック刊、２００９年）の中で、当該の音楽を「夜のための音楽」として規定したのは、その反省を踏まえてのことである。明るすぎて何も見えなかった80年代カルチュアの恐るべき軽薄さへの対抗措置として今世紀に勃興したいわゆる「フリーク・フォーク」のムーヴメントは、アシッド・フォークが常に潜在することで有効性を発揮し、そうすることで自家撞着を免れたデヴェンドラ・バンハート、エントランス、シックス・オーガンス・オブ・アドミッタンス、ジョアンナ・ニューサムら、米西海岸の新たなアーティストたちによる秀れた作例が、歌唱や構築や参照を含めたあらゆる表現要素と自由に戯れんとする過去の音楽との親和性を、語の正確な意味において瑞々しく、われわれに「夜のための音楽」として唐突に意識させたことは、アシッド・フォークの非歴史性としての本質をつまびらかにするものとなった。

（かわそえ・つよし／美術・音楽評論）

Joanna Newsom
Ys
(Drag City / 2006)

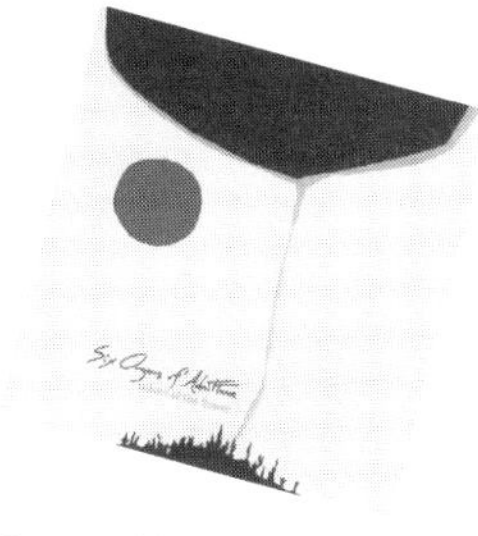

Six Organs Of Admittance
School Of The Flower
(Drag City / 2005)

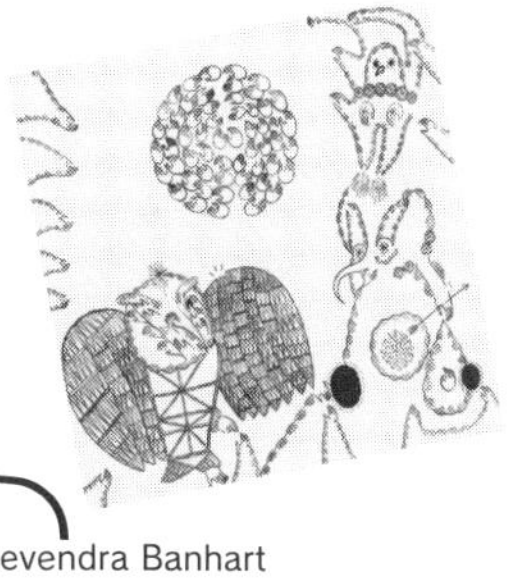

Devendra Banhart
Rejoicing In The Hands
(Young God / 2004)

Perry Leopold
Experiment In Metaphysics
(Not On Label / 1970)
写真はギアファブ・レコーズの2017年のリイシュー盤

Pat Kilroy
Light Of Day
(Elektra / 1966)

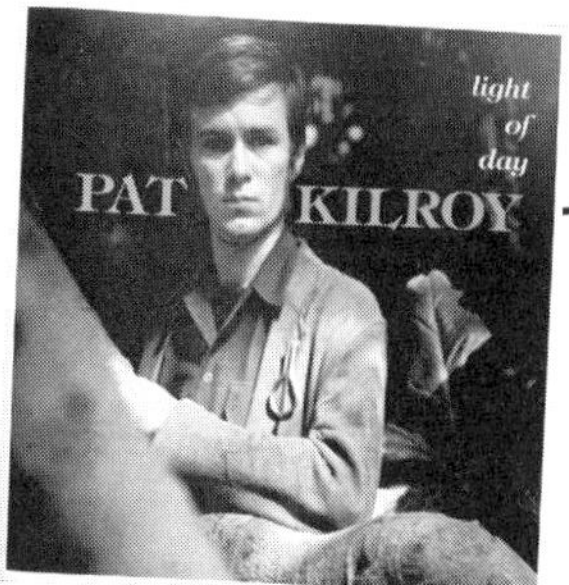

シド・バレットと英国地下水脈

持田保

SOME SYD BARRETT COLUMNS

１９６０年代なかば、米国でサマー・オブ・ラブと呼ばれたヒッピーによるカウンターカルチャー現象は、同時代スウィンギング・ロンドン現象を巻き起こしていた英国にも海を渡り飛び火する。引火した現象は消費社会を謳歌するスウィンギング・ロンドンの華やかさとは真逆なオルタナティブ自治社会実現を目指し、アンダーグラウンドな運動体を形成していくこととなる。

運動体は米国サマー・オブ・ラブ同様に幻覚剤や大麻を燃料としながら、ロック・コンサートや地下出版、アングラ演劇といったフリークアウト空間を創出。そしてそれら文化ネットワークの結節点として機能した重要ポイントが、ロンドンはトッテナム・コート・ロードのガラ・バークレー・シネマ地下にあったブラーニー・クラブで毎週金曜日に開催されるイベント、ＵＦＯクラブであった。

イベントの発起人はアメリカからエレクトラ・レコードの英国支部設立に携わっていたジョー・ボイド、そしてジャーナリストで写真家、政治活動家だったジョン〝ホッピー〟ホプキンスの二名。

ホプキンスはＵＦＯクラブ運営とほぼ同時期にバリー・マイルズ（ロンドン・カウンターカルチャー拠点インディカ・ギャラリー&ブックスの設立者）と共に地下新聞「インターナショナル・タイムズ（後にＩＴと名称変更）」を創刊し、英国のオルタナティブ・ミュージック・シーンとアンダーグラウンド思想運動を結合させた人物でもある。余談だが、ＵＦＯクラブと地下新聞「ＩＴ」の接続点にはあのミック・ファレン（デヴィアンツ）も存在していることを忘れてはならない。

１９６６年12月23日にスタートしたＵＦＯクラブは、途中チョークファームのザ・ラウンドハウスに拠点を移して１９６７年９月29日に閉鎖されるまで約９ヶ月間運営された。短い活動期間ではあったが、60年代英国のフリークアウト文化のメッカとしてイベントは存在したのだった。

イベントのメインは当時の人気ロック・バンドによるライヴ演奏だったが、サイケデリックなライトショー、実験映画上映、ポエトリーリーディング、ストリップ、フルクサス的ハプニング、コミューン運動、空手パフォーマンス（!!!）などなどが、配布されるＬＳＤ入りの角砂糖とともに溶け合い、混然一体となったギャザリングを展開。

そしてこのメッカはポール・マッカートニーを筆頭としたトレンドに敏感なオーバーグラウンドの住人たちと、生粋の反逆者であるアンダーグラウンドの住人たちを結び付け文化革命的な化学変化を引き起こす実験場でもあった。

デビュー前夜のピンク・フロイドもこの実験にあやかったクチであり、イベントの初期に彼らはソフトマシーンと共にＵＦＯクラブのハウスバンド的役割を担うことで、時代精神の先端に位置するグループとして世間の注目を集めることに成功する。

なかでもグループのソングライターであり顔でもあったシド・バレットは、その類まれな音楽才能と神秘的オーラで、すぐにもサイケデリック・ポップ界のアイドルとしてブレイクすると誰もが期待する存在であった。しかし実際はバレットとサイケデリックの組み合わせは最悪だった。彼の芸術的才能と反比例して、カウンターカルチャーの時代精神は彼の魂をパージし続けた。

その象徴的なエピソードとして思い出されるのが、バレットが初めてサイケデリック体験を試みた１９６５年の夏の出来事だろう。バレットのケンブリッジ仲間で後にヒプノシスを創設するストーム・トーガソンと共に幾度かのトリップを体験したバレットは「何かに目覚め」トーガソンと共にシーク教の哲学的運動体サントマットのセクトに入会しようと試みた。

しかしセクトの指導者はトーガソンの入会は認めたものの、バレットの入会が認められることはなかったという。トーガソンはこのときを振り返り「バレットは拒絶されたことにひどく狼狽していた」「彼の人生においてあの日セクトから拒絶されたことは非常に大きな出来事となった」と述べている。

そしてその時期に作曲されたのがピンク・フロイドのファーストアルバム『The Piper At The Gates Of Dawn』に収録された「Bike」だった。

僕は見掛け倒しの一族の末裔なんだ
ここにもいる
あそこにもいる
見掛け倒しの男たちはたくさんいる

アンダーグラウンドな運動に乗っかることで活動をドライヴさせることに成功した初期ピンク・フロイドにおいて、ドラッグ神秘主義などを筆頭とする「フリークアウト文化の非衛生的な精神領域」からは距離を置いていた他メンバーとは異なり、ただひとり自ら取り込まれたのがバレットだった。しかしバレットを沼の底まで引きずりこんだその精神領域は、彼の魂を受け入れることは決してなかった。

バレットが時代から拒絶された理由については、彼が「不良や反逆児としての素質」がなかったからとしかいいようがない。破天荒な生き方をしようが、ドラッグまみれになろうが、残酷な話だがこういう領域は素質の問題なのだ。

バレットはカウンターカルチャーの時代に、その時代精神を牽引する存在として順応できる人間ではなかった。どちらかというと19世紀初頭のロマン派の天才が「不良や反逆児としての素質」が必要なカウンターカルチャーの時代にタイムリープした存在ととらえたほうが納得できないだろうか。

そして時代から拒絶された激しい孤独は、バレットの精神を蝕みつつも（極めて短期間ではあるが）彼の音楽表現を、時代性も超越するかたちで純化させたのだった。

オーバーグラウンドとアンダーグラウンドの狭間で、まるで地縛霊のように宙吊り状態のまま身動きが取れなくなったバレットの魂は、我々が狂気と呼ぶ領域に閉じこもることとなる。その領域で果たしてバレットが何を知覚し、感じていたのかを知る術は我々にはない。

（もちだ・たもつ／あなたの聴かない世界代表）

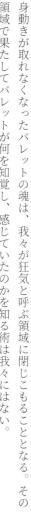

シド・バレットのこどもたち

村尾泰郎

70年代後半、パンク・ロックという革命が起こった時、パンクスにとってプログレは倒すべき敵だった。「腐ったジョニー（ジョニー・ロットン）」ことジョン・ライドンをはじめ、セックス・ピストルズのメンバーはピンク・フロイドのTシャツに「I HATE」と書き込んでステージに上がった。のちにライドンは「ピンク・フロイドを神のように崇めている連中が嫌いだっただけで、シド・バレットが在籍していた頃から聴いていた」と発言したが、当時はおおっぴらにピンク・フロイドを聴いているなんて言えなかっただろう。しかし、ピンク・フロイドが神になる前にドロップアウトしたシド・バレットは例外だった。

ライドンの友人、ジョン・サイモン・リッチーにつけられた「シド・ヴィシャス」という芸名は、ライドンが飼っていたハムスターの名前からつけられたが、その名前はシド・バレットが由来だとライドンは語っている。また、ダムドはセカンド・アルバム『ミュージック・フォー・プレジャー』（１９７７年）のプロデューサーにバレットを希望。音楽出版社を通じて依頼したがバレットの精神状態の問題で実現できなかった。また、ジャムのメンバーだったポール・ウェラーもバレットのファンで、のちにバレットを題材にした曲「ホエン・ユア・ガーデンズ・オーヴァーグローン」を書いた。この曲でバレットは音楽の道には進まず、絵描きとして幸せな日々を送っている。

彼らパンクスがバレットに惹かれたのは、ピンク・フロイドをはじめとするプログレ・バンドがロックにクラシックやジャズを取り入れてロックの芸術化を目指す一方で、バレットの音楽にはそういう高尚さはなく、自由な実験精神と狂気という闇が息づいていたからだろう。いうなれば、バレットの音楽はアウトサイダーアート。そのイギリス訛りの歌声と幻想的な歌詞が生み出す歌の世界はアメリカン・ロックとは異質なものだった。バレットの音楽はグラム・ロックを経由して（T・レックスのマーク・ボランはバレットに憧れてカーリーヘアにした）パンクに受け継がれ、そして、80年代に入ってニュー・ウェイヴでヴァージョンアップされる。
80年代後半、「ネオサイケ」「ペイズリー・アンダーグラウンド」など、英米の若者たちの間で60年代のサイケデリック・ロックやガレージ・ロックの再評価が起こるなかで、87年にバレットのトリビュート・アルバム『Beyond the Wildwood』がリリースされる。そこにはTVパーソナリティーズ、スープ・ドラゴンズ、オパルなど英米インディー・バンドが参加。ペイズリー・アンダーグラウンドを代表するバンド、レイン・パレードとドリーム・シンジケートのメンバーによって結成されたオパルのバンド名は、シド・バレットのアルバム・タイトルに由来するものだ。そんな風に、インディー・シーンでバレットがアイコン的な存在になるなかで、ジュリアン・コープ、ロビン・ヒッチコックといったアーティストが新世代のシド・バレットとして注目を集めた。

マイク・ワトキンソン、ピート・アンダーソンによる評伝『クレイジー・ダイアモンド／シド・バレット』の序文で、コープは「シド・バレットはサイキック・ポップ（意識の内側を探求するポップ・ミュージック）の作曲者として世界で初めての存在で、その点においてジョン・レノンに匹敵する」と書いている。一方、ヒッチコックはバレットのドキュメンタリー番組に出演した際、自分が10代の頃（60年代後半）のイギリスのロック界は「イギリスのボブ・ディラン」を求めていて、自分にとってバレットがそうだったと語り、バレットの「無意識にフィルターをかけない歌詞」に強く惹かれたという。闇を抱えたポ

Various
Beyond The Wildwood ── A Tribute To Syd Barrett
Imaginary Records / 1987

Opal
Happy Nightmare Baby
SST Records / 1987

ップスターは当時の若者たちに強烈な印象を与えたに違いない。スロッビング・グリッスル～サイキックTVで活動したイギリスのノイズ・シーンのキーパーソン、ジェネシス・P・オーリッジも、ウィリアム・バロウズやアンディ・ウォーホルを知った学生時代にバレットに夢中になった。

絵画を学んだバレットは、まるで絵を描くように曲を作った。ピンク・フロイドはデビュー時に、実験音楽集団、AMMと何度か共演。バレットはAMMのギタリスト、キース・ロウと交流を深め、ギターのエフェクトの使い方や弾き方を探求した。『シド・バレット 独りぼっちの狂気』でピート・タウンゼントがバレットの独創的なギター・プレイについて語るシーンがあるが、映画の試写を見たサーストン・ムーアは、当時、常軌を逸していると思われていたバレットの演奏は、現代の視点で見れば様々な実験をしていたように思えると監督に感想を告げたという。ロックを音響的に捉えるバレットの感性は、ネオサイケ以降のシューゲイザー～オルタナ～ポスト・ロックに繋がるもの。90年代以降も、バレットの音楽は新たな才能にインスピレーションを与え続けた。

ニュートラル・ミルク・ホテル、オリヴァー・トレマー・コントロールといったエレファント6関連のアーティスト。フレーミング・リップス、アニマル・コレクティヴといったバンドはバレットからの影響を公言。そして、デヴェンドラ・バンハートをはじめ、フリーク・フォークのアーティストにもバレットの影響を見てとることができる。さらに90年代に世界を席巻したブリット・ポップのバンドにも当然のごとく影響を与えていることは、『シ

Neutral Milk Hotel
In The Aeroplane Over The Sea
Merge Records / 1998

The Flaming Lips
Yoshimi Battles The Pink Robots (20th Anniversary Deluxe Edition)
Warner Records / 2022
20周年記念盤には「ルシファー・サム」のカヴァーを含むライヴ音源を収録

ド・バレット 独りぼっちの狂気』にグレアム・コクソン（ブラー）やジャーヴィス・コッカー（パルプ）が出演していることでもわかる。

バレットの影響の与え方を振り返るとヴィッド・ボウイを思わせるところもある。スター性があって革新的。そんなバレットが才能を存分に発揮して成功を収めていたら、ボウイのような存在になっていたかもしれない。そのボウイもまたバレットに憧れたアーティストの一人だった。アルバム『ピンナップス』（73年）で「シー・エミリー・プレイ」をカヴァーし、06年にバレットが亡くなった際は「言葉にできないほど悲しい。シドからは大きな刺激を受けた。60年代に見た彼のライヴは一生忘れない」とコメント。デヴィッド・ギルモアとともに「アーノルド・レーン」をカヴァーした追悼シングルを発表した。様々なアーティストにインスパイアされて変化していったボウイだが、その出発点にバレットがいたことは重要だ。ボウイもボランもバレットより歳はひとつ下。ほぼ同世代だが彼らもチルドレンいえるかもしれない。バレットは彼らの半分以下の作品で、今も新しい世代に影響を与え続けている。

（むらお・やすお／音楽評論）

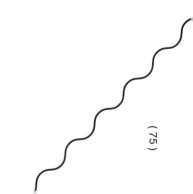

INTERVIEW / RODDY BOGAWA

ロディ・ボガワ 映画監督

ストームとシドとの12年
『シド・バレット　独りぼっちの狂気』ができるまで

「映画で描いている世界の外も想像してほしい」

『シド・バレット　独りぼっちの狂気』で、ヒプノシスのストーム・トーガソンとともに共同監督をつとめるがロディ・ボガワ。ニューヨーク出身で、音楽、アート、写真などを学び、映画を撮りはじめたアジア系米国人の監督はどのような背景のもと、シドの旧友と出会い、企画をスタートし、ストームが他界してからは、制作を引き継ぎ、長い年月を経て完成に漕ぎつけたのか――、映画の来歴と背景を訊ねた。

――監督はそもそもヒプノシスのストーム・トーガソンさんとお知り合いということですが、どのようないきさつで面識をえられたのでしょう。

　私が以前に撮ったドキュメンタリー映画で音楽を担当してくれたクリス・ブロコウ、彼はコデインというバンドをやっていますが、彼と会ったとき、ロンドンでストームのスタジオに行ったときの話をしてくれたんです。私はストーム？　だれだ、それは⁉︎　引退したフィンランドのデスメタル・バンドのシンガーかなにか⁉︎　と訊くと、ブロコウが、いやいや（笑）、イラストレーターで、いろんなレコードカヴァーのデザインを手がけているヒプノシスのメンバーだよ、というもので、ヒプノシスだったら知っているよ、というような話になり、ちょうどそのころストームがつくっていたのがビーチに穴を掘って階段をつくり、それを登って上から写真を撮るというような構図のジャケットだったんですね。それを聞いたとき、なんてクレイジーだと思いました。そんなものはいまならフォトショップで5分もあればできるのに、なぜそんなことをしてまでも撮るんだ、なぜじっさいに穴を掘らなければならないの、ということを疑問に思ったんですね。

　その点で私は真実の姿形を表現するのだという彼の姿勢に、まず惹かれたのだといえます。私も映画を撮るとき、16ミリのフイルムにこだわっていましたし、レコード蒐集が趣味というのもあり、親近感が湧いたのです。そこで『The Work Of Hipgnosis 'Walk Away René'』という1970年代のヒプノシスが手がけたジャケットデザインをおさめた作品集を手に入れたんですが、本を開くとそこに私が十代でハマったレコードがすべて並んでいたんです。ストームの作品がこれほど私の人格形成に影響をおよぼしていたのかと衝撃を受けました。

　私は彼についてもっと知りたいと思い、直截メールを書いたんです。7〜8通は送ったでしょうか。ところが来る日も来る日も梨の礫。しかしある日ついに返事をもらったんです。私のメールにはピンク・フロイドのコンサートに行ったときの話を書いていました。十代のころの『アニマルズ』のツアーです。同時にそれは私にとって、はじめてのコンサート体験でもありました。父親に運転してもらって、友だちと一緒にライヴに行って――というようなストーリーにストームが興味を示してくれて、その2週間後にトークショーをするから見に来ないかと誘ってもらった、それがはじめての彼とのやりとりです。

――トークショーの会場はロンドンですか。

英国アカデミー賞のときのレクチャーで、私はカメラをもってロンドンに行きましたが、いまは話せないとつっぱねられました。アシスタントと一緒に待っていてくれ、というんですね。その日アシスタントはロンドン中のキャベツを買って車につめて、レクチャーの会場に向かいました。レクチャーの会場で、ストームは女性の背中にボディペインティングをするんですが、周囲にはリビングルームふうのセットも設えてありました。アシスタントが買い集めてきたキャベツは、レクチャーを聴いている１００人の聴衆に配るためのもので、受けとった人たちはキャベツを自分の顔の前に掲げて、それをストームが壇上から写真に撮り、その場でヴィジュアルをつくりだしたんです。私はその過程を目のあたりにして、なにが起こっているんだ⁉と思いましたが、その翌日、こんどは彼のスタジオに行ったら、また「いまは話せない」というのです。なぜなら、ピンク・フロイドの新しいアルバムのタイトルを考えているから。「いいアイデアがあれば採用するよ」というので、私は部屋の隅に坐って、ひそかにキャメラは回していたんですが、放っておかれたままでした。ようやくその日の仕事が終わり、一緒に来いと彼のオフィスに連れて行かれました。彼はちょっと発作のせいで身体にちょっと麻痺が残っているんですが、彼の机の整理ですとかゴミ拾いですとか、部屋の掃除をさせられて、私はいわれるがままにしたがいました。そのすべてが終わって、ようやくお茶を飲みながら話を聞いてくれたんです。で、なにをしたいんだ、と。ストームとのはじめての対話はそのような感じでした。その後、ＬＡやニューヨーク、ロンドンをめぐりながら、私はストームのドキュメンタリー『Taken by Storm: The Art of Storm Thorgerson and Hipgnosis』（2011年）を撮っていくわけですが、制作過程ですごく気があって距離が縮まって、まわりの人が僕たちふたりが長年の知り合いなんじゃないかと錯覚におちいるぐらい、親密になっていったんですね。ストームについてのドキュメンタリーには当初、ミュージシャンに出演してもらうつもりはなかったんですけれども、ストームのほうからどのミュージシャンに声をかけたいか、と切り出されて、その結果、デヴィッド・ギルモアや、ニック・メイスン、ピーター・ゲイブリエル、ロバート・プラントにも声をかけて出演していただきました。松任谷由実のカヴァーについて語るシーンもありますよ。およそ2年半ほどかけて彼のドキュメンタリーを仕上げたんですが、完成後も関係はつづいていて、彼がニューヨークで撮影するさいは、僕がプロデュースをしたこともあります。あるときには、たしか火曜日だったと思いますが、突然ストームから電話があって、５００個のテディベアを集めて金曜までロンドンにもってきてくれないかといわれたこともあります。それはミューズの「Uprising」（２００９年）というシングルのジャケットに使用するものだったんですが、そのようにちょっと変わった関係が出会ってからずっとつづいていたという感じです。

――ストームさんのむちゃぶりに応える監督もたいがいユニークだと思いますが、今回の映画『シド・バレット　独りぼっちの狂気（Have You Got It Yet?）』のはじまりについてお聞かせください。

　ストームのドキュメンタリーをＬＡの会場で上映したとき、キャサリン・ホイールというＵＫのインディ・バンドのフロントマン、ロブ・ディッキンソンが来場したんですね。彼がストームに、この映画は美しいし、すばらしい。ロディにシドのドキュメンタリーも撮らせるべきだ、とストームに主張したんです。ストームは「ん!?」という感じでしたが、明くる日朝食をとりながらストームと話していたとき、ストームが私に、きみはシドのなにを知っているんだ、どれくらい詳しいんだ、と訊いてきました。私はちょっとドキリとしたんですが、大学時代にやっていたバンドのベーシストが『夜明けの口笛吹き』がすごく好きでカヴァーしようとしたことあったんです。ただむずかしいし変わっていて結局は演奏できなくて不甲斐ない気持ちになったのだけど、シドのソロ・アルバムの楽曲もすてきで美しいし、感情的だから好きだ、というような話をしたんです。するとストームが、きみならシドのドキュメンタリーを撮れるかもしれない、僕がプロデュースするから、きみが監督をしたらどうだ、といってくれたんですね。その夏のあいだ、私はシドにかんする映画をみて、本を読み漁り、できるかぎりシドについて知るように努力しました。夏が終わり、もう一度ストームのところに行き、あなたは僕がどのような映画を撮っているのか、あまり知らないとは思うけれども、やっぱりシドの人生には興味がある、ことに最後の22年間――、だれも知らない彼の余生に興味を惹かれたと告げました。それに、これまでのシドのドキュメンタリーもあまり面白くないから、もっと面白いものをつくりたい、と伝えて、少しずつこのプロジェクトがはじまったんです。

　その後、ベルリンで『Taken by Storm』の脚本を書いたダン・アボットとストームと私で、２ページのアウトライン、だれにインタヴューをするか、どのようなストーリーを伝えたいのか、なにを証明したいのか、逆にこれまで語られてきたなにを否定したいのか、そういうものをすべて書き出し、こういうドキュメンタリーにしようというような話し合いをもちました。

　悲しいことに、これを運命と呼んでよいのかは迷うところですが、その後にストームのがんが再発してしまうんですね。ストームには一刻も早く、そしてより深くこのドキュメンタリーにとりかかりたいという思いがあり、私はニューヨークに住んでいますが、彼がＬＡにいるとき、いきなり電話があって「はじめるぞ」と。そしていまにいたるわけです。

この映画はご覧のとおり、ストーム・トーガソンがシド・バレットに関係する多くの人物にインタヴューを重ねていくわけですが、取材対象の多くは彼の友人でもあります。つくり終えて、ふりかえってみて思うのは、もしかしてこれは彼なりに友人たちに別れを告げるプロセスだったのかもしれないということです。もうひとつあります。私がいまでもこうして、彼のことについて語っている。そうやって、私の人生と彼の人生を交差させることによって、彼が亡くなったあともこうやって生きつづけていけるように、この映画の制作にかかわってくれたのかもしれないということです。

——制作の初期の段階から、どちらかが主導権をとるというのではなく、おふたりで進めていかれたということですね。

ストームもいくつかインタヴューをしてくれましたが、質問はふたりで考えましたし、だれに話を訊くかも私たちで決めたものです。最後に、「シドにもしいま、手紙を書くなら?」という質問がありますが、あれは私自身のアイデアです。ストームが亡くなった時点で、完成していたのは全体の３分の２ほどで、インタヴューの素材のよせあつめでしたが、その後、単独で取材を重ね、編集し、10年以上、正確には12年かけて完成させたんです。

——妹さんのインタヴューでストームさんの特徴的な声ではない声が聞こえますが、あの声の主は監督ということですか。

おっしゃるとおりです。彼女の取材の段階ではストームは亡くなっていましたから、あれは私の声です。「共同監督」の肩書きについてですが、ストームは最初はプロデューサー、インタヴュアーとして参加だったんですが、亡くなってから友情の印として彼への敬意を示すために「共同監督」というクレジットをつけくわえたんです。

——少年が登場する映像をはじめ、いくつかの「現実的ではない映像」を今回のドキュメンタリーは織りこんでいます。その意図についてお聞かせください。

少年が成長し、最後にプールに飛び込む映像は１９９０年代に制作したストームの短編映像です。ピンク・フロイドのライヴで「シャイン・オン・ユー・クレイジー・ダイアモンド」の演奏中にバックに流す映像、いうなればストームが思い描く、シドのキャラクターを表している映像です。はじめてこの映像をみたとき、ほんとうにすばらしいと思いました。そこで、編集の担当者と、これは全編をとおして挿入していこうと決めたんです。映像は30年前ということを考えると想像されたよりきれいだと思うのですが、私たちがこの映像をつかいたいと思っていたとき、ちょうどタイミングよくピンク・フロイドのボックスセットの制作がすすんでいて、映像のリマスター作業を行っていました。それもあって、あれだけの画質になっているんです。ほかのフッテージ、テープレコーダーとかいくつか挿入しているものは私が撮影しました。

――ストームさんの映像をつかうにあたって、ヒプノシス的になりすぎるといいますか、監督の表現方法とぶつかる懸念や全体のバランスなどについて悩むことはありませんでしたか。

ストームのドキュメンタリーの撮影の合間の休憩時間に、ヒプノシスのやり方、スタイルを理解できたような気がすると、私は彼に伝えたことがあるんです。私の考えるヒプノシスの方法論とはすべてが映画のスチルのようだということ。その瞬間の前後に、なにかが起きている、そのあいだをきりとった写真（スチル）、ヒプノシスのスタイルとはそれだと、そのことを彼に伝えたことがあります。おそらくこれは映像的な言語というべきものですが、そのようなやりとりを通じて、絆を深めていった側面はあります。ストームはじつは映画監督、映像作家としてスタートしているんですよ。それもあってより深いところで通じ合ったのだと思います。

本編における少年パートも、ヒプノシスのレコードジャケットとスタイルとしては一緒ですよね。ヒプノシスのジャケットを想起するヴィジュアルで、じつは全編あのスタイルで今回のドキュメンタリーをつくろうという話も、最初は出ていたんですね。あのような非現実的な映像を撮影し、そこにインタヴューを重ねていく、とい

う脚本も考えてはいました。ストームの病状が悪化したため、この試みは実現しませんでした。

私自身、監督をするうえでつねにこだわっているのが、ただ情報を伝えるというよりはなにかしらの空間、「間《ま》」のようなものをとって、そこで観客に想像を膨らませてもらうというスタイルです。くわえて、映画で描いている世界の外を想像してもらうということにも留意しました。今回はシド・バレットについてのドキュメンタリーですが、彼らをとりまく１９６０年代という時代や、友情、思い出——、そこまで想像を広げてもらえるような作品をつくるようにつとめてきました。作品というものはいいもの、わるいもの、そういう簡単な判断基準もあるとは思いますが、私は観客のみなさんが視野を広げて心を開き、より大きな体験につながるような作品をずっとめざしています。今回の作品もロンドンやニューヨークで上映したときに、毎回最低ふたりは涙を流して語ってくれるんですね。話を訊くと、シドだけではなくて、自分の子どもについて、むかしの友情について想像して泣けてきたというんです。そういう意味でも人々の心に響くような作品というものはこれからもつくっていきたいと思っています。

——本編で、建物の外観を映す場面がいく度も出てきますが、かならずその前をひとや乗り物などが横切ります。ただシドのケンブリッジの家の場面ではそのような動的な要素が希薄でした。さきほどヒプノシスのスタイルのお話でスチル写真とおっしゃいましたが、不動性といいますか、そのような意図をこめられたのでしょうか。

とても興味深い質問です。ただ最初にシドの実家が映るとき、自転車が通りすぎるので、シドの家の前だけ動きがないというのは意図的なことではありません。ひとつ面白かったのは、彼の実家のケンブリッジで、パブに行ったとき、そこでなにかインタヴューはできないかと試みたんですが、多くのひとがシドの話となると口を閉ざす傾向があったということです。彼を守るために口を閉ざすのでしょうね。当時はいろんな記者が押しかけたり、現在でもファンが訪れたりすることがあるので、そういう意味でも彼のプライバシーを守るためなのかもしれません。なにも話してはくれませんでした。それもあって、家の映像からは住所にかんする表示はとっています。22年、あるいは25年のあいだ、彼は妹だけと接して生活をしていたんですね。もちろんお店や絵のアートショップに行くなど、ふつうの生活はおくっていましたが、ひっそりとしたものでした。

——取材でガードがかたかった人はいましたか。

どの人も心を開いて簡便に語っていただきましたが、ひとりだけ、精神科の医師に、シドの自閉症の疑いについて話を訊こうとしましたが、診断していないひとについては語れないということで、インタヴューを断られてしまいました。１９６０年代は自閉症などについての知見も多くはありません。その方には断られましたが、ほかの方は心を開いて語っていただけました。私はあまり高校の同窓会などには行かないタイプですが、こうして25年経ち、当時の記憶を思いかえして語ってくれたというのは、ストームの存在がすごく大きかったのだと思います。とくにピンク・フロイドの３人のメンバー、ロジャー・ウォーターズは「シドがいなければ、このバンドは存在しなかった」といっていますし、デイヴィッドも彼に最後に会いに行けばよかった、とこれまでは語らなかったこと、心の底から思っていることを、ストームという旧友を前にして語ってもらうことができました。それを捉えたのはこの作品の貴重な部分だと思います。幸運にも、私が撮ったストームのドキュメンタリーについてもよい評価をいただいたので、ピンク・フロイドのマネージャーのふたりにも話を訊くことができました。

　ひとりだけ、インタヴューをしたかったのだけど実現しなかったのが、デヴィッド・ボウイです。彼に連絡はしていて、やりたいという返事をもらっていたんですが、病気が進行していたのと『★ (Blackstar)』（２０１６年）の仕上げにかかっていたため、実現しませんでした。彼自身、シドをUFOクラブでみかけていたので、その話を訊けたらよかったなと思います。一方、あるときプロデューサーから連絡があって、ザ・フーのピート・タウンゼンドが出たがっているというんですね。理由はわからなかったんですが、じっさいに会って話してみると、彼は当時、ピンク・フロイドをナマで見ていたと。エリック・クラプトンらを引き連れてピンク・フロイドのライヴに行っていたんだ、だからこの作品で語りたいと、３、４時間じっくりお話を訊くことができました。デヴィッド・ボウイの話は訊けなかったけれども、その当時の彼らのナマの姿はピートが語ってくれていると思います。

――監督は『シド・バレット　独りぼっちの狂気』の制作を通してシドやストームに長らく向き合ってきました。そんなボガワ監督に、シドの曲で好きな3曲、お気に入りのストームのアルバムジャケット3枚をあげていただけますか。

　すごくトリッキーな質問だね。私はシドのヘンな曲が好きなんですよ。まず「Golden Hair（金色の髪）」と「Effervescing Elephant（興奮した象）」、もう一曲となると「Interstellar Overdrive（星空のドライブ）」かな。ベネディクト・カンバーバッチ主演の『ドクター・ストレンジ』（２０１６年）でもつかっていましたね。あれはとてもいいアイデアだと思いましたよ。

　ストームのレコードスリーヴでは、まず『炎』（『狂気』もいいけどね）、ブラック・サバスの『ネヴァー・セイ・ダイ』（1978年）、ちょっとマイナーだけど、ブリンカー・ザ・スターというバンドの『August Everywhere』（1999年）は氷の彫刻を砂漠にもちこんで、それが溶ける様子を撮影するというすごく手がこんだコンセプトでおもしろい。

――わかりました。最後に、監督がこれから撮りたい対象やいま手がけている仕事があれば教えてください。

いくつかのプロジェクトが同時に進行しています。フィクションも書いていますし、ストームのドキュメンタリーの前に手がけていた作品で撮り終えたいものもあります。ドキュメンタリーもいくつか動いているものもあります。

――いっそうの活躍を期待しております。

あっ、ちょっと待って、シドの3曲はちょっと換えたいかな。「シー・エミリー・プレイ」と「Effervescing Elephant（興奮した象）」と「Golden Hair（金色の髪）」にします。

――それがピンク・フロイドの3曲になるとどうなります？

それはもちろん愛する「クレイジー・ダイアモンド」と「ウィッシュ・ユー・ワー・ヒア」……やっぱりむずかしいね。『狂気』の最後の曲（「エクリプス」）かな。いや、私はじつは『アニマルズ』が大好きで「Dogs（犬）」もいいかも。

――話はつきませんが、つづきはまた次回ということで。

（2024年4月10日　オンラインで）

ロディ・ボガワ（Roddy Bogawa）
さまざまなバンドで演奏し、彫刻やアートや写真を学んだのち、カリフォルニア大学サンディエゴ校でジャン＝ピエール・ゴラン、イヴォンヌ・レイナー、シャンタル・アケルマンらの撮影監督をつとめたバベット・マンゴルト、評論家のマニー・ファーバーらに師事。在学中に発表した2作の短編が高い評価を受け、1991年の初長編『Some Divine Wind』でアジア系米国人のアイデンティティを問い注目を集めた。他の長編に、ヴィレッジ・ヴォイス紙に絶賛されたミニマルSF『Junk』、パンクと自身の来歴を重ね合わせる『I Was Born, But...』など。ストーム・トーガソンを被写体にした『Taken by Storm: The Art of Storm Thorgerson and Hipgnosis』(2011年）につづく本作『シド・バレット　独りぼっちの狂気(Have You Got It Yet? The Story Of Syd Barrett And Pink Floyd)』が5作目の長編にして最新作となる。

A Disc Guide of Syd Barrett and Pink Floyd

シド・バレット＆ピンク・フロイド 主要ディスクガイド

畠中実　村尾泰郎　松村正人

Photo by Andrew Whittuck

1

Syd Barrett

The Mad Cap Laughs
幽幻の世界（帽子が笑う…不気味に）

Harvest / 1970

1. Terrapin　カメに捧ぐ詩
2. No Good Trying　むなしい努力
3. Love You
4. No Man's Land　見知らぬところ
5. Dark Globe　暗黒の世界
6. Here I Go
7. Octopus　タコに捧ぐ詩
8. Golden Hair　金色の髪（ジェイムス・ジョイス作の一篇より）
9. Long Gone　過ぎた恋
10. She Took a Long Cold Look　寂しい女
11. Feel
12. If It's In You
13. Late Night　夜もふけて

（以下は1993年リイシューCDのボーナストラック）

14. Octopus (Takes 1 & 2)　タコに捧ぐ詩
15. It's No Good Trying (Take 5)　むなしい努力
16. Love You (Take 1)
17. Love You (Take 3)
18. She Took A Long Cold Look At Me (Take 4)　寂しい女
19. Golden Hair (Take 5)　金色の髪

シド・バレットがピンク・フロイドから１９６８年４月に脱退してまもなく、本作のレコーディングは翌月の５月より開始されている。その性急な展開は、バンドのメインマンであり、ソングライターだったバレットの才能とキャラクターが、残されたバンドよりもなお可能性を感じさせるものであったことを意味しているだろう。事実、ピンク・フロイドがバンドのアイデンティティを確立するまでには、まだ数枚のレコードを要したし、バレットほどの強力なオリジナリティを発揮することは困難だった。そして、当時のバンドのマネージメントを担当していた、ピーター・ジェナーとアンドリュー・キングのふたりもバレットとともにバンドを離れ、バレットのマネージメントを務めることになったのだった。すぐにレコーディングを試みるものの、それは困難を極める作業となった。ジェナーによって進められたレコーディングは、バレットによって中断され、恋人とふたりで車で旅に出てしまう。再開されるのは1969年に入ってから。しかし、ジェナーはプロデューサーを降り、さらには、かつて『夜明けの口笛吹き』をプロデュースしたノーマン・スミスには依頼を断られてしまう。プロダクション・チームに見放されたかっこうのバレットは、リリース元となる、EMI傘下ハーヴェストレーベルの代表マルコム・ジョーンズにプロデューサーを依頼した。バレットは一言「君がやりなよ(You do it.)」と言ったという。再開したレコーディングでは、ハンブル・パイの、ジェリー・シャーリー、ジョーカーズ・ワイルドの、ウィリー・ウィルソン（どちらもドラマー）、そして、レーベル仲間であるソフト・マシーンのメンバー、ロバート・ワイアット、ヒュー・ホッパー、マイク・ラトリッジが、3曲オーヴァーダビングで参加している。またバレットは、本アルバムのレコーディングに参加していないケヴィン・エアーズのセッションに参加した。

　リハーサルテイクかのような「ラヴ・ユー」、歌い出しでうまくいかず、やり直したり、歌の入るタイミングをまちがえたりする様子がそのまま記録されている「イフ・イッツ・イン・ユー」などは、仕上げることもできず、未完成のまま放り出されたようである。一方、アルバムを象徴する幽幻の世界に誘うかのような「カメに捧ぐ詩」「むなしい努力」「タコに捧ぐ詩」「夜もふけて」などは、バックの演奏も録音もよく、かなり完成された状態にまで到達している。また、のちに未発表曲集『オペル』に収録されることになる、「オペル」「スワン・リー」「クラウンズ・アンド・ジャグラーズ」（「タコに捧ぐ詩」）などが、ジェナーとジョーンズによってレコーディングされている。

　結局、最終的にアルバムを完成させる任は、元の仲間デヴィッド・ギルモアとロジャー・ウォーターズに委ねられた（バンドは『ウマグマ』の制作中だった）。

　断続的に行なわれたための長い録音期間と、プロデューサーが次々に変わっていく状況は、このアルバム制作のある混乱を表すものでもあるだろう。しかし、なぜだろう、最終的にまとめ上げられたアルバムは、バンドとしてのまとまりを求めた2枚目よりもあらゆる面で魅力的に聞こえる。ミック・ロックによって撮影された印象的な自室でのフォトセッションも含めたプロダクションも印象的である。精神状態がまだ良好だったからか。アルバム制作への意志は、まだ強くバレットにあり、作曲やアレンジ面でもクリエイティヴィティを発揮していたようだ。アルバムの制作をもっとも望んでいたのはバレットであることが窺える。しかし、その状態を維持することは難しかったようで、それが楽曲の完成度がまばらなことに表れている。とりあえずレコーディングされた作品からなんとか1枚のアルバムを構成するにまでこぎつけたような印象がある。そこには、いまだ創作意欲を失っていないバレットの輝きが、むきだしのまま提示されている。（畠中）

2

Syd Barrett

Barrette

シド・バレット・ウィズ・ピンク・フロイド（その名はバレット）

Harvest / 1970

1. Baby Lemonade
2. Love Song
3. Dominoes
4. It Is Obvious　あたりまえ
5. Rats
6. Maisie
7. Gigolo Aunt　ジゴロおばさん
8. Waving My Arms in the Air　腕をゆらゆら
9. I Never Lied to You　嘘はいわなかった
10. Wined and Dined　夢のお食事
11. Wolfpack
12. Effervescing Elephant　興奮した象

（下記は1993年リマスターCDのボーナストラック）

13. Baby Lemonade (Take 1)
14. Waving My Arms in the Air (Take 1)　腕をゆらゆら
15. I Never Lied to You (Take 1)　嘘はいわなかった
16. Love Song(Take 1)
17. Dominoes (Take 1)
18. Dominoes (Take 2)
19. It Is Obvious (Take 2)　あたりまえ

複数のプロデューサーが次々に匙を投げ、最終的にはギルモアとウォーターズに委ねられた前作は、それでもバレットの創作意欲を形にし、おもにギルモアによってまとめあげられて、ようやく完成を見た。

だからだろうか、ふたたびギルモアと、今回は、リチャード・ライトのふたりがプロデュースにあたり、前作のリリースより間もなく、2ヶ月たたずにレコーディングに入った2枚目のソロ・アルバム。それは、EMIにとって、前作の反響が思ったよりもよかったことがあげられるだろう。話題性もあってか、前作は全英40位にチャート・インし、ある程度の成果と価値が認められた。その勢いに乗って2枚目をリリースするために、レーベルが前作が制作にかかった時間を心配したのかもしれない。あるいは、それが難航するだろうということも容易に想像できたはずである。国内盤発売当初の邦題が「シド・バレット・ウィズ・ピンク・フロイド」というのもどうかと思うが、何かそのような期待を持たせる要因が、前作にはかすかにあったのかもしれないとも思う。しかし、バレットがピンク・フロイドと何か活動を共にすることもなかったし、実際にこのアルバムをもってバレットの新作の制作は以後行なわれることはなかった。

　ギルモアは、レコーディングにあたり、すべての収録曲のリズムセクションを統一し、参加メンバーの演奏における役割を決め、ある種バンドのような一体感を作ろうとしていたようだ。ドラムスは前作に続きジェリー・シャーリー、ベースはギルモア、キーボードはライト、ギターとヴォーカルはバレット、という極めてシンプルな編成だ。オーバーダビングも控えめで、ギルモアは時に12弦ギター、ドラムス、オルガンなど、マルチ・プレイヤーぶりを発揮している。「夢のお食事」では、バレットのリード・ギター以外をギルモアが演奏している。アルバムは、ギルモアの狙い通り、前作に比べればずっと破綻なくまとめられているように聞こえる。にもかかわらず、ここにはバレットの見ていたかもしれない、煌めくような世界が感じられないとも言える。ギルモアの段取りは、プロデューサーとして制作をスムーズに進めるための最善の策をとろうとしていたはずだ。映画『シド・バレット 独りぼっちの狂気』の中で、ギルモアはバックトラックを録音してからバレットの録音を行なったと言っている。バレットはテイクごとに演奏がまったく違ってしまうからだ。

　収録曲の出来が悪いわけではない、演奏も、録音もちゃんとしているし、バンドらしいまとまりもとりあえずある。ギルモアとライトは最善を尽くした。全体的に言えば、サイケデリック・ロックの傑作となっていることは間違いないのだが、しかし、そうしたものと引き換えに、バレットのほとばしる才気の輝きがくすんでしまったような印象がある。その意味では、リスナーが尻込みするようなことなく、安心して聞くことができるとも言える。バレット自身の手による、昆虫図鑑のようなジャケットも（もちろん、これはこれで素晴らしいに違いないが）、アルバムの内容を伝えるまでには至っていないし、裏面の写真もモノクロの粗い粒子にバレットの妖気もひかえめだ（同じフォトセッションでもっといいと思われる写真があるので、もちろん、意図的に選択された写真だろうが）。

「ベイビー・レモネード」「ラヴ・ソング」「ジゴロおばさん」「ウルフパック」どれもが非凡な楽曲ではあるし、アレンジなども前作にはない要素も聞かれる。バンドとしての再起も期待させるところもある。しかし、その後、バレットをメンバーとしたトゥインク（プリティ・シングス）らとのスターズは頓挫してしまったように、バレットはすでに音楽からもこちらの世界からも疎外されようとしていた。一方、アルバムに収録されなかった「ドリー・ロッカーズ」「ワード・ソング」「レッツ・スプリット」「銀河」といった未発表曲の数々（『オペル』に収録）は、本作、あるいはありえたかもしれない3作目のアルバムの（もうひとつの）可能性を十分に感じさせる。（畠中）

3

Syd Barrett

Opel

オペル

Harvest / 1988

1. Opel
2. Clowns And Jugglers　タコに捧ぐ詩
3. Rats
4. Golden Hair (Remake Take6)　金色の髪（ジェイムス・ジョイス作の一篇より）
5. Dolly Rocker
6. Word Song
7. Wined And Dined　夢のお食事
8. Swan Lee (Silas Land)
9. Birdie Hop
10. Let's Split
11. Lanky (Part One)
12. Wouldn't You Miss Me (Dark Globe)　僕がいなくてさみしくないの（暗黒の世界）
13. Milky Way　銀河
14. Golden Hair (Take 1)　金色の髪（ジェイムス・ジョイス作の一篇より）

(以下1993年リイシューCDのボーナストラック)

15. Gigolo Aunt (Take 9)　ジゴロおばさん
16. It Is Obvious (Take 3)　あたりまえ
17. It Is Obvious (Take 5)　あたりまえ
18. Clowns And Jugglers (Take 1)
19. Late Night (Take 2)　夜もふけて
20. Effervescing Elephant (Take 2)　興奮した象

『その名はバレット』から18年が経ち、88年に突如リリースされた未発表曲集。当時、ピンク・フロイドはロジャー・ウォーターズがバンドを脱退して、残留組のデヴィッド・ギルモア、ニック・メイスンと激しく対立。その分裂劇が話題になっていた。そんなかでバレットのアルバムが発表されるというのも皮肉な話だが、87年に若手アーティストによるバレットのトリビュート・アルバム『Beyond The Wildwood』とバレットのライヴ音源集『The Peel Session』がリリースされていて、ニューウェイヴ世代のアーティストやリスナーのなかでバレット再評価の機運が高まっていた。

本作の監修を手掛けたアーカイヴィストのブライアン・ホッグは、68年から70年にかけて行われたセッションの音源のなかから未発表曲8曲とアウトテイク6曲を選曲。93年にCDでリイシューされた際は、ボーナス・トラックとしてアウトテイク6曲が追加された。注目すべきは未発表曲で、最初のセッションが行われた68年に生まれたのが「スワン・リー」と「ランキー（パート1）」。「スワン・リー」は69年のセッションで音を重ねて仕上げられたが、スライド・ギターを加えたりサウンドに工夫が凝らされてバレット独自のポップ・センスが感じられる。「ランキー(パート1)」はパーカッションとヴィブラフォン、エレキ・ギターという編成によるインスト。絵画を描くように曲を作るバレットの自由な感性が伝わる曲で、荒々しいギターの演奏は『幽幻の世界』では聞けなかったものだ。この2曲を聴くとバレットの頭の中で様々なアイデアが浮かんでいたことがわかるし、初期ピンク・フロイドの楽曲に通じるところもある。しかし、もはやシドは曲に集中して仕上げる気力に欠けていたのだろう。「ランキー（パート1）」では、曲の途中で急に火が消えたように演奏が終わる。

アルバム・タイトルになった「オペル」は69年のセッションでレコーディングされた。「trying」「living」といった単語を長々と伸ばして歌うサビが印象的で、歌声の抑揚には何の感情もなく、そこに宿った虚無に吸い込まれそうになる。ホッグはこの曲をアルバムのライナーノーツで「屈指の名曲」と絶賛しているが、68年の未発表曲に比べると『幽幻の世界』のアシッド・フォーク的な空気が醸し出されている。ハエがたかって燐光を放つ死体が横たわっている道に佇んでいる男、という歌詞に描かれた情景は、当時のバレットの心象風景を描いたものだろうか。

『幽幻の世界』発表後に行われた70年のセッションで生まれた「ドリー・ロッカー」「ワード・ソング」「銀河」「レッツ・スプリット」は鼻歌めいたメロディーに虚ろな歌声が乗って、宇宙にひとりぼっちで漂うバレットのつぶやきのようだ。天の川にいる恋人に捧げたラヴソング「銀河」は朗らかさも感じさせるが、「もう少ししたらみんなおしまい。僕も君も何もかもおしまい」と投げやりに歌う「レッツ・スプリット」では途中で演奏が止まり、ついに〈おしまい〉が来たかと思うと再び演奏が始まる。本作に収録された曲からは、シニカルな嘲笑が垣間見えるときがある。ヘラヘラしたりフワフワしたりすることでポップスターとして祭り上げられてしまった運命に反発しているようで、そこにバレットの孤独な葛藤が感じられる。しかし、そんななかにもメロディーや言葉に独自のひらめきがあって、燃えつきた灰のなかからダイアモンドの輝きを見つけ出すようなアルバムだ。

本作がリリースされることに対して、バレットはどんな反応を示したのだろう。恐らく何の興味も示さず、ピンク・フロイドの分裂騒ぎさえも他人事のように感じながら、自宅で絵画と庭いじりに没頭する隠遁生活を送っていたのかもしれない。一部で再評価されたとはいえ、MTVが全盛期のなかで本作はチャートに入ることはなく、バレットの静かな日々は保たれた。（村尾）

4

Syd Barrett & Pink Floyd

An Introduction To Syd Barrett

幻夢　シド・バレット・オールタイム・ベスト

Harvest / 2010

1. Arnold Layne
2. See Emily Play
3. Apples And Oranges (Stereo Version)
4. Matilda Mother (2010 Mix)
5. Chapter 24　第24章
6. Bike
7. Terrapin　カメに捧ぐ詩
8. Love You
9. Dark Globe　暗黒の世界
10. Here I Go (2010 Remix)
11. Octopus (2010 Mix)　タコに捧ぐ詩
12. She Took A Long Cool Look (2010 Mix)　寂しい女
13. If It's In You
14. Baby Lemonade
15. Dominoes (2010 Mix)
16. Gigolo Aunt　ジゴロおばさん
17. Effervescing Elephant　興奮した象
18. Bob Dylan Blues

没後リリースのベスト盤。ピンク・フロイドのシングルと1枚目のLP、2枚のソロからの選曲に、2001年のベスト盤が初出のディランのパスティーシュ「ボブ・ディラン・ブルース」を再録した18曲で、邦題にいわく「オールタイム・ベスト」の言い方がしっくりくる。

最初の3曲はデビューから3枚目までのシングルA面。つづけて聴くと、あらためて作者のポップセンスに感じ入るとともに、しだいに増していくフリーキーさにあやうい魅力をおぼえもする。「アップルズ～」はオリジナルはモノだが、本作ではステレオにミックス。音を放射状に撒き散らすかのようなシドのギターはリリースから40年あまりを経て、ようやく本来の音像を獲得した感も。つづく『夜明けの口笛吹き』からの3曲は本作の監修をつとめるギルモアにとってのシド像が、才気走ったアーティストとかサイケデリック・カルチャーの申し子的なものとかよりも類い稀なシンガー・ソングライターであったことをうかがわせる。残念ながら、その才覚を全開にしないまま、シドははやばやとバンドを去ることになるが、はからずもその後釜に座る恰好になったギルモアが、境遇が逆転した旧友によりそうかのようにシドの2枚のソロ、ことにウォーターズが匙を投げた2作目にライトともに力を貸しているのは興味深い。

本作はシドの全キャリアからクロノロジカルに、アルバムからの選曲でも曲順を崩すことなく収録することで、シド・バレットという伝説の音楽家の変遷を物語るともに、ややもすれば狂気やドラッグなどの用語で聴き手を身構えさせてしまう、異端の音楽家でもあるシドというバイアスをとりのぞき、入門者にも聴きやすい内容であろうという腐心のあとも読みとれる。

好例は「ヒア・アイ・ゴー」であろう。音源の出し直しではリマスタやリミックなどを施すことは少なくないが、この曲ではギルモアが新たにベースパートをつけたしている。基本的にルートをなぞるようなひかえめな演奏だが、ベースが根音を担うことで楽曲が安定し、ペラペラなエレキギターがもたらすパンキッシュな魅力は半減している。「ヒア・アイ・ゴー」は『幽幻』収録で、EMIの制作者マルコム・ジョーンズがプロデュースを担当した楽曲なので、ウォーターズとともにアルバムの残りの半分を担当したギルモアに積み残しがあったとも思えない。他方で、ジョン・ピールの「Top Gear」、ボブ・ハリスの「Sounds Of The 70S」というBBC放送の2番組でのライヴ音源を編んだ2004年の『The Radio One Sessions』ではやはりマルコム担当の「カメに捧ぐ詩」でシドを手引きするギルモアのプレイを聴くことができるし、セカンドを録っていた1970年当時、ギルモアは仲間のドラマー、ジェリー・シャーリーとともにシドのライヴもサポートしており、持ち歌はだいたいさらっていたのかもしれない。だとしても（「だからこそ」というべきか）この曲のベースには蛇足のきらいがある。あるロックンローラーがロック嫌いの意中の女性に、この歌（が「ヒア・アイ・ゴー」なのかはわからない）なら気に入るかもしれないと、家をたずねたら、女性のかわりに妹がいて、なぜだか恋に落ち、結婚してしまうという、カフカさながらの不条理さを整えすぎたとでもいえばいいか。むろんそれにより、さまざまな意匠の微妙な均衡の上になりたつ表現のあやうさよりもソングライターとしての資質がわかりやすく伝わってくる。その点では原題にいわく「An Introduction To～」の言い方がしっくりくる。

オマージュあふれるジャケットはケンブリッジ時代からの旧友でもあるヒプノシスのストーム・トーガソン。映画『シド・バレット　独りぼっちの狂気』のシドの成長譚として流れる映像（もともとはフロイドの「クレイジー・ダイアモンド」のライヴ用にヒプノシスが制作したもの）を彷彿する絵づくりでシドのワンダーランドを象徴的に視覚化している。（松村）

5

Pink Floyd

Cre/ation - The Early Years 1967 - 1972
アーリー・イヤーズ・クリエイション　1967~1972
Pink Floyd Records / 2016

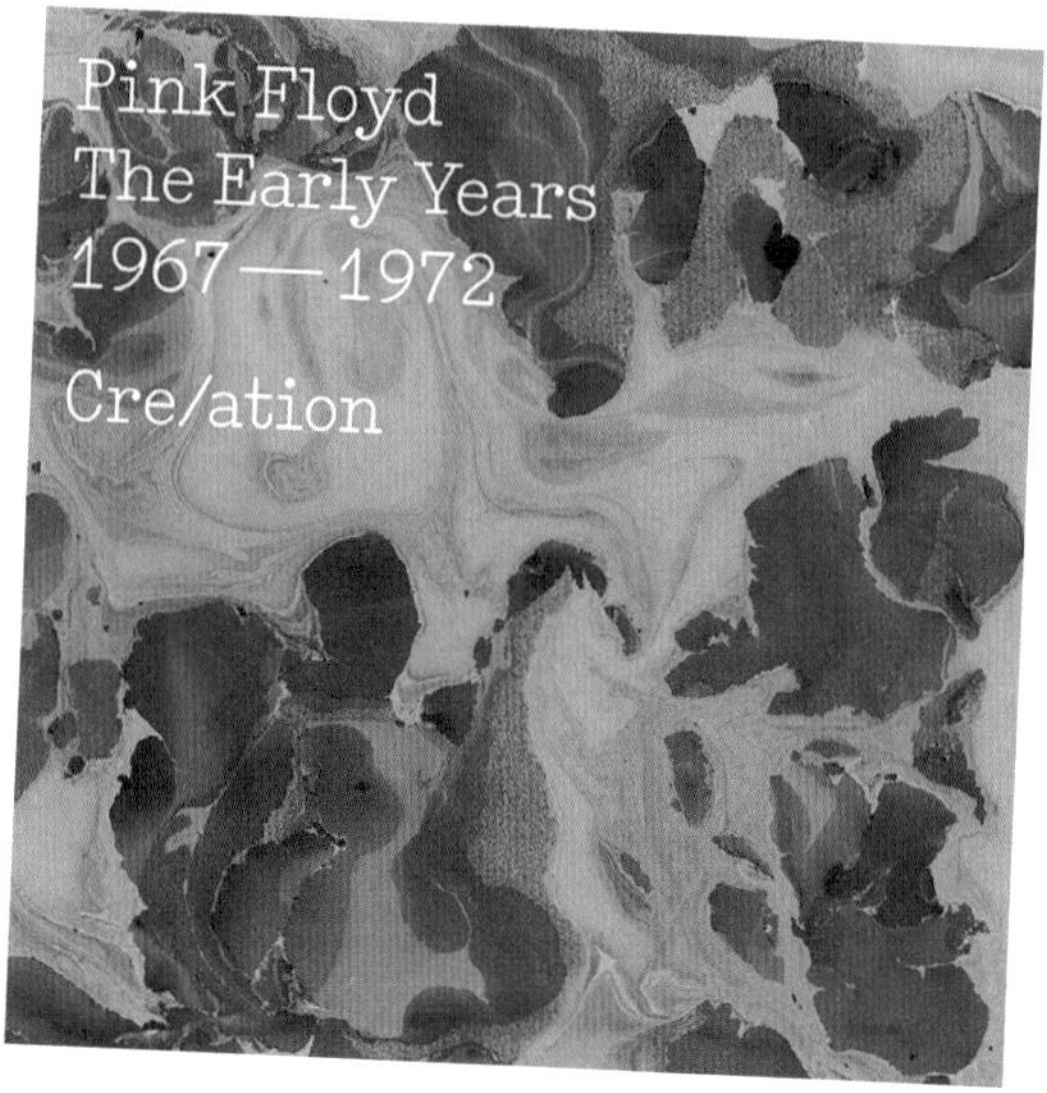

1962年、ロンドンのリージェント・ストリート建築工芸学校に在学していた、ロジャー・ウォーターズ、ニック・メイスン、リック・ライトという、ともに現代音楽への関心を持っていた3人が出会い、やがてバンドが結成されることになる。「シグマ6」を端緒として、1964年から65年にかけて「メガデス」「アブダブス」「スクリーミング・アブダブス」「アーキテクチュラル・アブダブス」「レナーズ・ロジャース」「スペクトラム・ファイブ」などをへて「ティー・セット」として、さまざまに名前や構成メンバーを変えながら活動したが、バンドは彼らの思うような形にならず、活動は休止された。

[Disk 1]
1. Arnold Layne
2. See Emily Play
3. Matilda Mother (2010 Mix)
4. Jugband Blues (2010 Mix)
5. Paintbox　絵の具箱
6. Flaming (BBC Session 1967)
7. In The Beechwoods (2010 Mix)
8. Point Me At The Sky　青空のファンタジア
9. Careful With That Axe, Eugene (Single Version)　ユージン、斧に気をつけろ
10. Embryo
11. Ummagumma Radio Ad
12. Grantchester Meadows (BBC Session 1969)　グランチェスターの牧場
13. Cymbaline (BBC Session 1969)
14. Interstellar Overdrive (Live At The Paradiso 1969)　星空のドライヴ
15. Green Is The Colour (BBC Session 1969)
16. Careful With That Axe, Eugene (BBC Session 1969)　ユージン、斧に気をつけろ

[Disk 2]
1. On The Highway (Zabriskie Point Remix)
2. Auto Scene Version 2 (Zabriskie Point Remix)
3. The Riot Scene (Zabriskie Point Remix)
4. Looking At Map (Zabriskie Point Remix)
5. Take Off (Zabriskie Point Remix)(1~5－映画『砂丘』サウンドトラック用音源)
6. Embryo (Alternative Version) (BBC Session 1970)
7. Atom Heart Mother (Band Version) (Live In Montreux 1970)　原子心母
8. Nothing Part 14
9. Childhood's End (2016 Remix)　大人への躍動
10. Free Four (2016 Remix)
11. Stay (2016 Remix)

ほどなく、3人は、同郷のケンブリッジ出身でキャンバーウェル・カレッジ・オブ・アーツに在学していた旧友のシド・バレットとギタリストのボブ・クローズをメンバーに迎えてバンド活動を再始動する。その際に、バレットの提案でバンド名を「ティー・セット」から、ピンク・アンダーソンとフロイド・カウンシルというふたりのブルースマンに由来する、「ピンク・フロイド・サウンド」にあらためて再出発する。これがピンク・フロイドの原型であり、前史である。

　CD+DVD+Blu-rayで構成される全27枚からなるボックス・セット『The Early Years 1965 – 1972』は、ピンク・フロイドの初期音源集であり、その最初のセクションである「1965-1967: Cambridge St/ation」のCD1には、バンドのデビュー前の音源や初期シングルおよび未発表曲が集められている。バンドの前史としてのデビュー以前の録音、そして、同時代のサイケデリック・シーンにおけるバンドのポップサイドの開花と、それがいかにそこに収まりきるものではなかったのかを知る格好のドキュメントである。バレットによって書かれた「Lucy Leave」（と、そのB面「I'm A King Bee」はスリム・ハーポのカヴァー曲）は、これまでも海賊盤に幾度となく収録されていた音源で、ピンク・フロイドとしての最初期の楽曲として知られている。「Lucy Leave」は、ローリング・ストーンズやヤードバーズを好んでいたというバレットの志向性を反映したR&Bスタイルの楽曲だが、そこにはすでにバレットの非凡な才能が十分に堪能できる。初期のシングル曲は、サイケデリック・ポップを象徴する、すぐれたポップスとしての音楽性と、それにもかかわらず、それがきわめて異質であることによって際立っている。ライト作の3枚目のシングルB面の「絵の具箱」は、ライトのソングライティングの才を垣間見せる。未発表曲としては「Vegetable Man」（ジーザス&メリー・チェインのカヴァーでも知られる）と「Scream Thy Last Scream」が、これまでマニアの間ではとてもよく知られた楽曲でありながら、初めて公式に発表されている。どちらもきわめて非凡な曲で、シングルとしてリリースする予定が、あまりに曲も歌詞も奇妙なものであったため、レーベルから却下されてしまったという奇曲でもある。

　CD2は、なぜかまったくヴォーカルが聞こえないバレット在籍時のライヴと、「John Latham」というタイトルの9トラックが収録されている。ジョン・レイサム（John Latham 1921―2006）は、英国の60年代から70年代のコンセプチュアル・アートにおいて重要な役割を果たしたアート・コレクティヴである、アーティスト・プレイスメント・グループ（Artist Placement Group）のメンバーだったアーティストで、第二次大戦後、メンバーとおなじリージェント・ストリート建築工芸学校に学んでいる（デヴィッド・トゥープの教師でもあった）。これは、レイサムの映像作品の音楽として録音されたもので、初期のサイケデリックな即興演奏において本領を発揮しているが、不採用に終わってしまった。

　なお当ボックスから27曲がセレクトされた『The Early Years - Cre/Ation』（ジャケット写真）が発売されていて初期重要曲が網羅されている（ただし上記の楽曲は収録されていない）。（畠中）

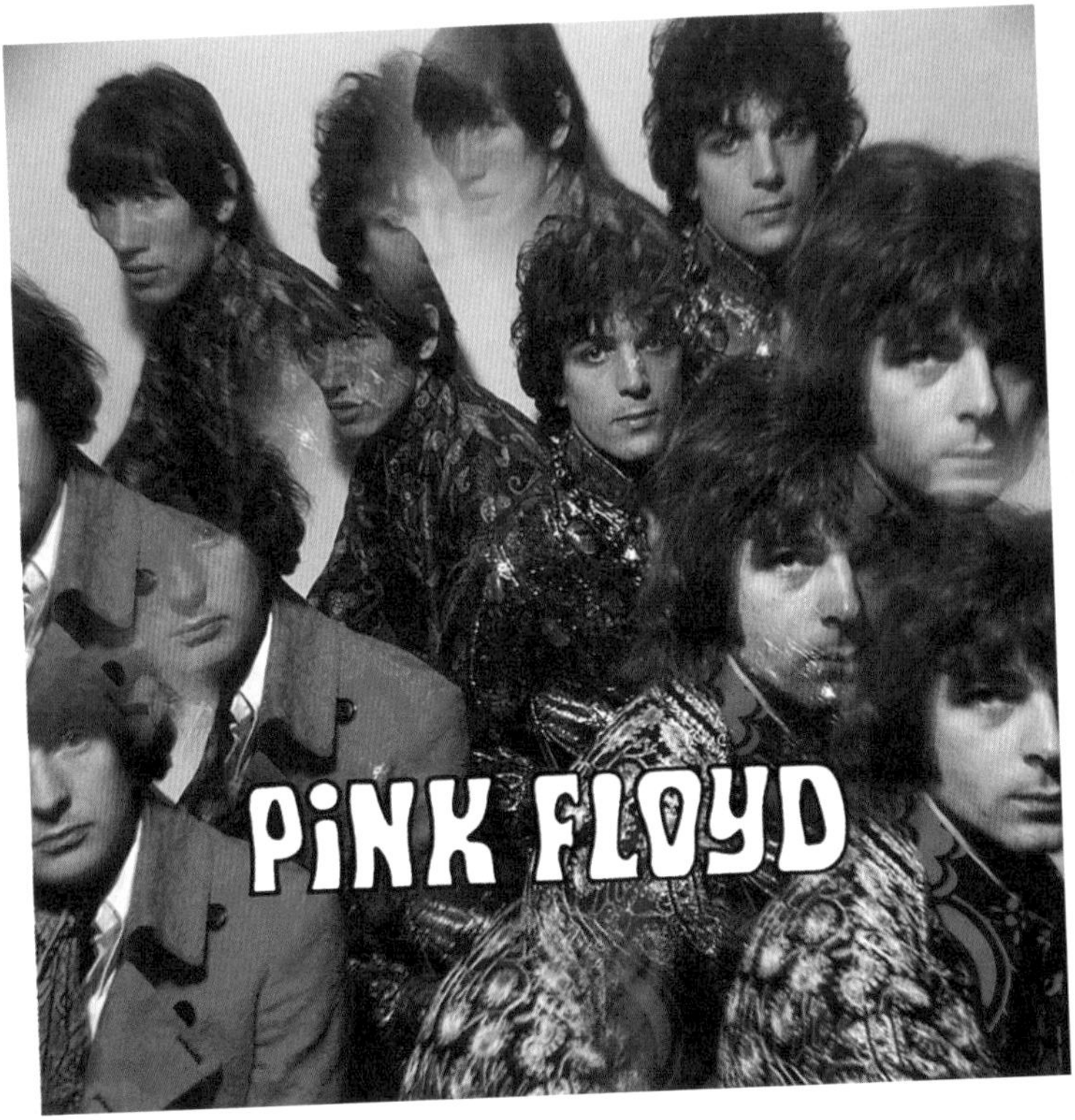

6

Pink Floyd

The Piper At The Gate Of Dawn

夜明けの口笛吹き

EMI Columbia / 1967

1. Astronomy Domine　天の支配
2. Lucifer Sam
3. Matilda Mother
4. Flaming
5. Pow R. Toc H
6. Take Up Thy Stethoscope And Walk　神経衰弱
7. Interstellar Overdrive　星空のドライブ
8. The Gnome　地の精
9. Chapter 24　第24章
10. Scarecrow　黒と緑のかかし
11. Bike

1967年8月5日にリリースされたピンク・フロイドのデビュー・アルバムは、ビートルズのレコーディング・エンジニアを務めたこともあるノーマン・スミスによってプロデュースされた。その縁もあって、EMIスタジオ（アビー・ロード・スタジオ）での録音中、隣のスタジオを使用していたビートルズの『サージェント・ペパーズ・ロンリー・ハーツ・クラブ・バンド』の録音現場を、メンバーは見学することになる。偶然とはいえ、その後ロックの歴史に名を残すふたつのバンドの邂逅が、このサイケデリックの時代にしっかりと刻印された金字塔とも言うべき2枚のアルバムの制作時に行なわれたことの奇跡を感じずにはいられない。

アルバムに先立ち、バンドは「アーノルド・レイン」（１９６７年３月）と「シー・エミリー・プレイ」（６月）の２枚のシングルを発表している。前者は、ジョー・ボイドによるプロデュースで、女性の下着を盗むことを趣味とする男の話が歌われており、その内容ゆえ放送禁止とするラジオ局もあった。当時のほとんどのグループがそうであったように、バンドはシングルではヒットを求められるために、本来の志向性とは異なるポップ・ソングを発表せざるを得なかった。これらのシングルに聴かれる音楽は、当時すでにロンドンのアンダーグラウンド・シーンで話題となっていた、ライト・ショーの演出による長時間におよぶサイケデリックな即興演奏とは異なる方向性を持った３分間のサイケデリックなポップ・ソングである。それは、その後のピンク・フロイドで展開されるスタイルとも異なる世界を持っており、この唯一シド・バレットの主導するピンク・フロイドにのみ聴かれる、サイケデリック時代という同時代性を色濃く反映したものとなっている。アンダーグラウンド・シーンでのバンドの演奏は、バリー・マイルズの企画した１９６７年４月29日にロンドンで開催されたイヴェント「The 14 Hour Technicolor Dream」を、ピーター・ホワイトヘッドが監督したドキュメンタリー映画『Tonite Let's All Make Love in London』に記録された、「星空のドライブ」と「Nick's Boogie」を見ることができる。

ノーマン・スミスは、このアルバムを制作するにあたり、アルバムをシングルで展開した、バレットをソングライターとしたポップ・ソングの方向性でまとめることとし、本来のバンドのライヴ演奏での特徴だった長尺のインストゥルメンタルは「星空のドライブ」１曲のみ収録されることになった。アルバムタイトルが、バレットの好きだったという児童書に由来するというように、アルバムはバレットが11曲中８曲を書いた童話的な世界観と非凡な楽曲によって特徴づけられる。レコーディング当時、先行シングルでのプロモーションなどのプレッシャーからＬＳＤへ深く耽溺していたというバレットは、正常にレコーディングをできる状態ではなかったとも言われる。しかし、ソングライティングにおけるその非凡な才能は、同時代のいわば「サージェント・ペパーズ・シンドローム」のグループとは異なる、そうした潮流に影響されつつも、曲調やアレンジをそれらしく模倣するだけでは到達できない、あまりにもオリジナルな世界が展開していることでも理解されるだろう。

収録曲は、シングルに準じたポップ・ソングのスタイルではあるが、それでも、アルバム収録曲は小曲ながら、そうしたフォーマットにとどまらないヴァラエティと、他の誰でもあり得ないオリジナリティを獲得している。冒頭の「天の支配」の宇宙的な壮大な展開、サイケデリック・ロックとしてのキラーチューン「ルーシファー・サム」、「フレイミング」や「黒と緑のかかし」などの独特のコード展開、「バイク」のサウンド・コラージュといった、あらゆる面で他を寄せ付けない作品世界がすでに確立されていることに驚嘆してしまう。（畠中）

中学のころだから1980年代後半、はじめて購入したフロイドの旧作で、『鬱』が出たときだった。CDでのリイシューでした。ピンク・フロイドというバンドがいて、プログレッシヴ・ロックなる分野の泰斗なのだということは音楽雑誌等で目にはすれども音にふれたこともなく、その道へのイニシエーション的な気負いもあり、弟をいいくるめて小遣いを合算し、ようよう手にした新旧2作がぜんぜんちがうのにびっくりした。

ことに本作は思ってたんとちがった。なんといっても音が古めかしかった。あてずっぽうで、代表作が目白押しの70年代をすっとばしておいて、そりゃないだろうと自分でも思うが、作品間の落差こそ進化の証と俯瞰できるほどませてもなかった。

実際『神秘』のとりまとめにかかっていた1968年前半、フロイドは変化という名の進化を余儀なくされていた。ドラッグとツアーとレコーディングと人間関係にさいなまれたシドがフェイドアウトしギルモアがカットインするのである。アルバムの末尾を飾る「ジャグバンド・ブルース」は67年暮れには完成していたシドの置き土産。救世軍ブラバンの調子外れの合奏を、20世紀初頭の米国の作曲家チャールズ・アイヴズばりの異化効果たっぷりに織りこんだ間奏も印象的だが、サーカスが去ったあとの広場でひとりギターを抱えて弾き語るような、リヴァーブの霧につつまれたアウトロはそれに輪をかけて胸にせまる。「I'm not here（私はここにいない）」といい「I'm wondering who could be writing this song（この歌はだれが書くのだろう）」とつぶやき、「夢とは　ジョークとは」と聴き手というより自身に問いかけるかのような「ジャグバンド・ブルース」の歌詞にシドとバンドの関係をみるのはあまりに直截か。

7

Pink Floyd

A Saucerful Of Secrets
神秘

EMI Columbia / 1968

1. Let There Be More Light　光を求めて
2. Remember A Day　追想
3. Set The Controls For The Heart Of The Sun　太陽讃歌
4. Corporal Clegg
5. A Saucerful Of Secrets　神秘
6. See-Saw
7. Jugband Blues

とはいえフロイドはシド抜きで行くことに決めた。積極的だったのはウォーターズである。3曲を提供し『神秘』の基調をなしている。フリーキーなベースリフのオープナー「光を求めて」もそのひとつ。楽曲はほどなくオルガンの響きも深遠なスローテンポにきりかわり、ギルモアのギターをフィーチャーした後半部から、ライトが提供しヴォーカルもとるややフォーキーな「追想」、さらにはサイケデリック・

エラの残響がこもる「太陽讃歌」、のちにお家芸となる戦争をテーマにした楽曲の、おそらく初出となる「コーポラル・クレッグ」というウォーターズ作の2曲でアルバムは折り返し、新規加入のギルモアをふくむ4人の名前をクレジットする後半頭の表題曲で佳境をむかえることになる。

　表題曲の「神秘」は混沌としたノンビートから呪術的な中間部を経て、オルガン、メロトロン、合唱も荘重なコーダ部にいたる三部構成。歌詞らしい歌詞はなく、10分を越える長尺だが、飽かず聴き通せるのは楽曲の構成と展開ゆえ。プロデュースはファーストと同じくノーマン・スミスだが、前回シドに手を焼いたせいで、今回はほったらかしだったという。結果、誕生した音響空間はピアノの内部奏法や電子音が飛び交う実験的なものだったが、野放図にみえる楽曲には周到な計算が行き届いており、弁証法的な思考にもとづいた巧みな場面転換はのちのフロイドをすでにさきがけている。バンドはその後、次作『モア』のサントラで彼らの方法と映画（映像）との親和性を立証し、ライヴ＋メンバーのソロの『ウマグマ』（69年）、本格的な組曲形式を採用した『原子心母』（70年）と来て、『おせっかい』（71年）あたりでその語法を確立、冒頭で述べた『鬱』（87年）のころには誰もが知るフロイドの姿におちつくが、本作の過渡期らしい雑駁さは、シドをふくむ5名の交錯のドキュメントとして、また二度とは起こりえないハプニングの記録として、はじめて耳にしてから40年ちかく経とうとするいまも、存在感は増すばかりである。（松村）

3作目のオリジナル・アルバムは、ジャン＝リュック・ゴダールの助監督も務めた、バーベット・シュローダーの監督デビュー作となった『モア』のサウンドトラックである。『夜明けの口笛吹き』のあと、『神秘』から続く、ある意味ではシド・バレットがバンドを去ったあと、バンドのアイデンティティを模索するフェーズから、スタイルの確立へと向かう時代とも言える。同時期にバンドが取り組んでいたコンセプト・アルバム「The Man and The Journey」は頓挫したが（初期音源集『The Early Years 1965-1972』の中で発表された「1969 Dramatis/Ation」で聴くことができる）、その中のいくつかの楽曲は本アルバムに収録されることになる。バレットの影を振り切って、この4人によるバンドの作品ということを印象付ける最初のアルバムとも言えるかもしれない。実際、ここに聞かれるヴォーカル入りの小品は、その後のピンク・フロイドのある側面を特徴づけるものでもある。それは、大作志向に移行していったあとも、各アルバムに同傾向の作品が入っていることからも窺える（個人的には、コンパクトなピンク・フロイドの方が好きなのだ）。アコースティック、ハード・ロック、サイケデリックなインストゥルメンタル、ブルース・ジャム、サウンド・コラージュ、とめまぐるしく展開する構成は、ヴァラエティに富んだ、しかし、どこか脈絡のない印象も与える。その後の、『ウマグマ』がライヴ音源とメンバー4人のソロ作による2枚組みという変則的な構成で、バンドというよりは各メンバーの志向性にフォーカスしていることを考えると、バンドの方向性は、いまだ模索中といった印象は否めない。しかし、気だるいサイケデリック・チューンは、（救いのない）トリップ映画と完全にマッチして、むしろ1枚目よりもサウンドに耽溺させる、じわじわと効いてくる魅力のあるアルバムなのである。（畠中）

8

Pink Floyd

Soundtrack From The Film “More”

モア（幻想の中に）

EMI Columbia / 1969

1. Cirrus Minor
2. The Nile Song　ナイルの歌
3. Crying Song　嘆きの歌
4. Up The Khyber
5. Green Is The Colour
6. Cymbaline
7. Party Sequence　パーティの情景
8. Main Theme　『モア』の主題
9. Ibiza Bar　イビザ・バー
10. More Blues　『モア』のブルース
11. Quicksilver
12. A Spanish Piece　スペイン風小曲
13. Dramatic Theme　感動のテーマ

9

Pink Floyd
Ummagmma
ウマグマ
Harvest / 1969

[Live Album]
1. Astronomy Domine　天の支配
2. Careful With That Axe Eugene　ユージン、斧に気をつけろ
3. Set The Controls For The Heart Of The Sun　太陽讃歌
4. A Saucerful Of Secrets　神秘

[Studio Album]
1-4. Richard Wright / Sysyphus　シシファス組曲
5. Roger Waters / Grantchester Meadows　グランチェスターの牧場
6. Roger Waters / Several Species Of Small Furry Animals Gathered Together In A Cave And Grooving With A Pict　毛のふさふさした動物の不思議な歌
7-9. David Gilmour / The Narrow Way　ナロウ・ウェイ三部作
10-12. Nick Mason / The Grand Vizier's Garden Party　統領のガーデン・パーティ三部作

初めてシド・バレット抜きで制作した前作『モア』でデビュー時のポップさを卒業し、多彩な音楽性を聞かせたピンク・フロイド。『モア』と同じ年にリリースされた本作からは、新体制になったバンドの創作意欲が高まっていたことが伝わってくる。バンド初の2枚組で、初のライヴ盤とオリジナル・アルバムというユニークな構成だ。ライヴはバレットの曲「天の支配」から始まるが、カラフルで遊び心に満ちた曲を一糸乱れぬアンサンブルで演奏。彼らがライヴを通じて曲の構成やアレンジに磨きをかけていたことがわかる。最後に長尺の「神秘」を持ってきているのは彼らの自信の表れだろう。また当時、バンドはライヴ会場に25個のスピーカーを設置。サラウンドで演奏を聴かせるという試みを始めていて、その広がりのあるサウンドもこのライヴ盤に記録されている。

一方、スタジオ盤はメンバー4人がそれぞれ曲を書き、その曲に対して他のメンバーは口も手も出さないというルールでソロ曲が並んだ。ウォーターズを除く3人の曲は組曲形式になっているあたり、大作志向がバンド内で高まっていたことがわかる。荘厳なシンフォニーを聴かせる「シシファス組曲」（リチャード・ライト）。ミュジーク・コンクレート的な「統領のガーデン・パーティ三部作」（ニック・メイスン）。鳥や人の声を加工した音響作品「毛のふさふさした動物の不思議な旅」（ロジャー・ウォーターズ）。前半ではスペイシーなエフェクトが飛び交い、後半に叙情的なメロディを歌い上げる「ナロウ・ウェイ三部作」（デヴィッド・ギルモア）。それぞれがクラシックや現代音楽、ジャズなどから刺激を受けて、ロックをアートに昇華させようとする意気込みに満ちている。ライヴで養った演奏技術、そして、4人の先鋭的な音楽志向を表明した本作を契機にして、バンドは自由度の高いサイケデリック・ロックから緻密な構造を持ったプログレッシヴ・ロックへ向かい始めた。（村尾）

10

Pink Floyd
Atom Heart Mother
原子心母

Harvest / 1970

1. Atom Heart Mother 原子心母
2. If もしも
3. Summer '68
4. Fat Old Sun デブでよろよろの太陽
5. Alan's Psychedelic Breakfast

シド・バレット脱退後の方向性模索期をへて、1970年10月にリリースされたバンドの出世作。音楽的にだけではなく、アルバムのトータルデザインとしても、以降のバンドのイメージを基礎づけることになったという意味で、バンド史においても重要作と言える。タイトルもなにもない、ぽつんと牛だけが映る、ヒプノシスによる謎かけのようなジャケット、当時ウォーターズとドキュメンタリー映画のサウンドトラック『肉体（ボディー）』を制作していたロン・ギーシンとの共作になる、シンフォニックでドラマティックな大作となったタイトル曲、そして、新聞記事の見出し「原子力駆動のペースメーカーを埋め込んだ女性」から命名されたというそのタイトル、さらに日本においては独特な邦題によって、ある種の問題作的な扱いをされてきた作品とも言える。しかし、A面に大作1曲、B面にウォーターズ、ギルモア、ライトによる小曲とミュージック・コンクレート的な組曲というアルバムの構成は、各楽曲はそれぞれ魅力を持ったものではあるのだが、それぞれの結びつきは必ずしも強くはなく、たとえば『狂気』のようなコンセプト・アルバムとは異なる。それが、全体としてはとらえどころがなく、どこか寄せ集め的な印象も与えるかもしれない。そうした全体的な強度の設計が（以降のアルバムのようには）意図されていないように感じるにもかかわらず、それぞれの楽曲が、ジャケットの牛のイメージ同様、相互に作用しあって、このアルバムに、なにか特別な磁場のようなものを生じさせている。ミュージック・コンクレート的な手法（当時はバイクの音が話題になっていた）や、「The Man and The Journey」のような既存の楽器を使用しない演奏行為とお茶を飲むなどの日常的な行為がおなじ地平で展開される（本作の「アランのサイケデリック・ブレックファスト」のような）前衛的な方向性を模索していた、試行錯誤の末の到達点としてのアルバムなのだろう。（畠中）

結果的にロン・ギーシンに頼り気味だった『原子心母』の反省から一念発起、スタジオワークに心血を注ぐとの決意のもと、輪ゴムやワイングラス、ライターなどを用いた「ハウスホールド・オブジェクツ」なる音源をはじめ、実験のための実験のなかで誕生した無数の「Nothing（無）」から産声をあげたのが「Return Of The Son Of The Nothing」――本作収録「エコーズ」の前身となる楽曲で、舞台にかけながら具合をたしかめるおなじみの手法で陽の目をみた。LP時代にB面すべてを占めていたこの曲こそ『おせっかい』の白眉である。

「エコーズ」は潜水艦のソナー音を想起する高音の反復で幕をあける。音の主はライトで、電子ピアノをレスリースピーカーに誤ってつなげてしまったさいの揺らぎを効果的にもちいている。点描的なキーボードにつづき登場するギルモアのギターは全編を通してじつに饒舌で、バッキング、ソロ、スケールを行き来するだけなのにきわめて印象的なリフレインなど、縦横無尽にアイデアを飛び散らせている。ウォーターズの呪術的なグルーヴも楽曲の性格づけに大きな役割をはたし、結果斬新な音響設計とほどよい実験性、長尺にもかかわらず小手先の展開にたよらないどっしりした構成の名曲となった。中間部の即興風のパートはたとえばクリムゾンの「ムーンチャイルド」あたりに較べると標題音楽的でロマン主義的であるぶん、主題への回帰の必然性に富んでいる。のちのちまでライヴでとりあげるに値するまさに彼らの声（ヴォイス）を確立した一曲といっていい。他方『おせっかい』はもうひとつ代表曲「吹けよ風、呼べよ嵐」を冒頭に置いており、難しいことはなにひとつやっていないが、存在感が迫り出してくるロック・ベースのお手本をウォーターズが身をもって示すこの曲から、小粒ながら洒脱で実験的な4曲をへて「エコーズ」にいたる流れ、中身にジャケットが追いついていないところもふくめ、本作は『原子心母』と見事なまでの鏡像関係にある。（松村）

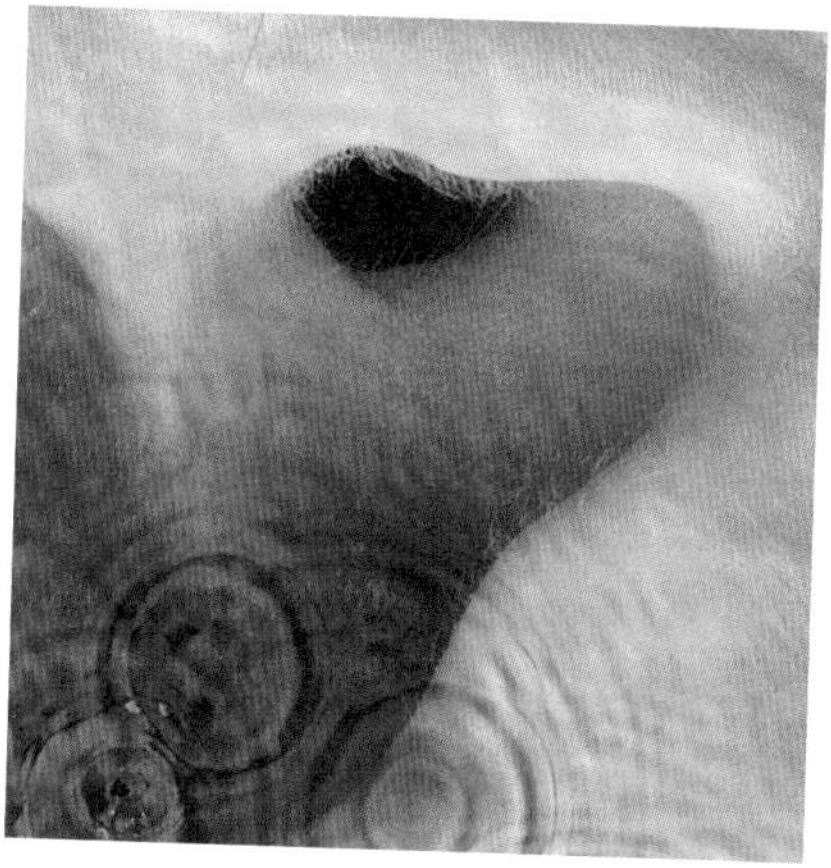

11

Pink Floyd

Meddle

おせっかい

Harvest / 1971

1. One Of These Days 吹けよ風、呼べよ嵐
2. A Pillow Of Winds
3. Fearless
4. San Tropez
5. Seamus シーマスのブルース
6. Echoes

『モア』に続き、バーベット・シュローダー監督の映画『ラ・ヴァレ』のサウンドトラックとして制作されたアルバムだが、その依頼のために『狂気』の制作を中断し、パリにて2週間でレコーディングされた。しかも、その間に日本での公演も行なっているという。サウンドトラックとしては、『モア』の後、一部ではあるが（しかし、重要なシーン）ミケランジェロ・アントニオーニ監督の『砂丘』でも楽曲を提供するなど映画音楽の仕事が続き、サウンドの映像的な性質がバンドの特徴となっていることを窺わせる。スタンリー・キューブリック監督が『2001年宇宙の旅』の音楽を依頼したという伝説（実際にはたんなる噂）が生まれるのも故なきことかもしれない。そうした性質は『原子心母』がもともと「架空の西部劇のテーマ」と呼ばれていたこともつながるだろうか。このような多忙な状況にもかかわらず、作品はサウンドトラックということを前提とせずとも、オリジナルなアルバムとして遜色ない完成度と言える。サウンドトラックゆえの小品が並ぶ構成だが、1曲目のタイトル曲からインパクトの強い、ヴォーカル曲の多い、ロックバンド然とした演奏が披露される。ロック的なもの、アコースティックなものがバランスよく並び、この時期のバンドのよさが際立っているし、それぞれの楽曲としても佳曲が多く、映画に付随した楽曲ということを感じさせない（「ホエン・ユーアー・イン」のような例外はある）。長尺の曲がないということでは、本作前後の『おせっかい』（『原子心母』を引き継ぐ長尺曲を含む構成）や『狂気』（アルバム1枚が組曲となったトータル・アルバム）といった有名作の谷間にありつつ、等身大の生身のバンドを見るような感覚が魅力と言えるだろう。一方、それはこの作品以降に聴かれなくなるバンドの特徴となる。本作の「大人への躍動（Childhood's End）」と『狂気』の「タイム」の類似は、アルバムの成り立ちを物語っている。

（畠中）

12

Pink Floyd

Obscured By Cloud

雲の影

Harvest / 1972

1. Obscured By Clouds 雲の影
2. When You're In
3. Burning Bridges 炎の橋
4. The Gold It's In The…
5. Wot's ... Uh The Deal
6. Mudmen 泥まみれの男
7. Childhood's End 大人への躍動
8. Free Four
9. Stay
10. Absolutely Curtains

13

Pink Floyd

The Dark Side Of The Moon

狂気

Harvest / 1973

1. Speak to Me
2. Breathe 生命の息吹き
3. On the Run　走り回って
4. Time〜Breathe (Reprise)
5. The Great Gig in the Sky 虚空のスキャット
6. Money
7. Us and Them
8. Any Colour You Like　望みの色を
9. Brain Damage　狂人は心に
10. Eclipse　狂気日食

リリースは1973年。イエスの大作主義がきわまった『危機(Close to the Edge)』が前年にあたる1972年、後期クリムゾンの集成となる『太陽と戦慄(Larks' Tongues In Aspic)』とEL&Pの代表作のひとつ『恐怖の頭脳改革(Brain Salad Surgery)』は本作と前後して発表となり、ピーター・ゲイブリエルが名をつらねるジェネシス最後のアルバム『幻惑のブロードウェイ(The Lamb Lies Down On Broadway)』のリリースを翌年にひかえるこの年は後代においてプログレッシヴ・ロックの最盛期を記念する1年となる。壮大にして巧緻な楽想と、それらを再現する水ももらさぬ演奏力と合奏力——、プログレなる略称はこのことを含意するが、その最右翼にありながらピンク・フロイドがこれら典型とどこかなじみがたかったのは、彼らの音楽は初期においてはシドの、その後はウォーターズの、やがてはギルモアの、それぞれの個を基底とする作品空間の構築であっても、形式や様式への奉仕ではなかったからであろう。

本作はその転換点でもある。録音を担当したアラン・パーソンズの手になるSEがインタールードとなり全編がひとつづきとなり、終曲から冒頭へ循環する構造をとる、その方法は過去77作で彼らが見出した最適解であるとともに、当時の英国を席巻したプログレ界ひいてはコンセプトアルバムなる形式への決定打となった。

心音を模したメイスンのベースドラムからレジスターの効果音がリズムを刻み、音量を増したかと思うまもなくメランコリックな「ブリーズ」に収斂する。ギルモアの思わせぶりなスライド、シンセサイザーミュージックとしての「オン・ザ・ラン」、レコードではB面1曲目の「マネー」はSEのリズムもさることながら、R&Bテイストに変拍子を仕込ませる合わせ技でバンドの代名詞となった。本作翌年のサディスティック・ミカ・バンドの『黒船』のプロデュースも語り草のクリス・トーマスが長期におよぶ作業にけりをつけるなど、かかわるものみなひと仕事やってのけた本作はこの時代を象徴するばかりか芸術性と娯楽性が拮抗するプログレの頂点として発表から半世紀がたったいまも色褪せる気配とてない。(松村)

14

Pink Floyd

Wish You Were Here
炎〜あなたがここにいてほしい

Harvest / 1975

1. Shine On You Crazy Diamond (1-5)　クレイジー・ダイアモンド (パート1〜5)
2. Welcome To The Machine　ようこそマシーンへ
3. Have A Cigar　葉巻はいかが
4. Wish You Were Here　あなたがここにいてほしい
5. Shine On You Crazy Diamond (6-9) クレイジー・ダイアモンド (パート6〜9)

初の全米チャート1位に輝いた『狂気』でピンク・フロイドは時代の頂点へとのぼりつめたが、達成感の後に待っていたのは虚しさだった。富と名声は手に入れたものツアーやプロモーションの日々に疲れ果て、『狂気』を超える作品を生み出さなくてはいけないプレッシャーに押しつぶされてバンドは迷走する。楽器の代わりに日用品を使ってアルバムを作る、というコンセプトで新作の制作をスタートさせるが失敗。アイデアもモチベーションも見出せず、疲弊したバンドの状況をそのまま作品にしたのが『炎〜あなたがここにいてほしい』だった。

　『狂気』に続いて全曲の作詞を担当したのはロジャー・ウォーターズ。「クレイジー・ダイアモンド」組曲をアルバムの入り口と出口に置く、というアイデアにウォーターズは反対したそうだが、それは行き当たりばったりに制作したアルバムをコンセプチュアルな構成にする苦肉の策だった。そして、その重要な曲はシド・バレットに捧げられたもの。ヴォーカルが入るまでの長いイントロは『シド・バレット独りぼっちの狂気』でも何度も流れていたが、そこでダイアモンドのきらめきのように際立つギターのリフは、バレットのギター・プレイを彷彿とさせる。そして、「若い頃を思い出せ／お前は太陽のように輝いていた」と囁くように歌が始まったかと思うと、「空に開いたブラックホールのように虚ろな目をした」おまえに向けて「輝け、狂ったダイアモンドよ」とシャウト。そこから畳み掛けるように歌われるサビには激しい感情が渦巻いている。

後年、ウォーターズは、この曲はバレットをテーマしたものではなく普遍的なことを歌っている、とコメントしたが、「子供っぽさとスターの座の板挟みで身動き取れなくなったお前を、鋼鉄の風が吹き飛ばした」というサビの歌詞を聴くとバレットの影は濃厚だ。そして、この曲をレコーディングしている時に、バレットが何の前触れもなくスタジオに現れたという事件も運命的なものを感じる。しかし、この曲の胸をつくような感情は、バレットに向けたものだけではなく、ロック・シーンの頂点に立ったものの、創作の純粋な喜びを失ってしまった自分たちにも向けられているようにも思える。スタジオで変わり果てたバレットを見てウォーターズが泣いたのは、自分たちがもう「あの頃」に戻れないことを知ったからかもしれない。

そして、「クレイジー・ダイアモンド」組曲に挟まれた曲は、音楽産業に呑み込まれてしまったことに対する怒りと悲しみに満ちている。「ようこそマシーンへ」は、たらふくステーキを食べて高級車を乗り回すロックスターになることを夢見ていた「お前」が、音楽産業という「マシーン」の歯車になる歌。「ようこそ、マシーンへ」という、ヒステリックなシャウトと冷酷な機械音が鳴り響く。そして、「葉巻はいかが」は音楽を金づるとしか考えていない音楽業界への痛烈な皮肉。一緒に組んでしこたま儲けようぜ、と誘ってくる商売人が「ピンクっていうのは、どっちなんだ？」と問いかける。この曲はウォーターズの声域に合わず、歌詞が気に入らなかったギルモアが歌うことを拒否したため、たまたま隣のスタジオでレコーディングしていたロイ・ハーパーがヴォーカルを担当した。

そして、アルバムのハイライトといえるのが叙情的な「あなたがここにいてほしい」だ。この美しいメロディーを持った叙情的なカントリー・バラードが本作のテーマである喪失感をしみじみと伝えて、そこから「クレイジー・ダイアモンド」組曲に繋げることでアルバムとしてのカタルシスを生み出している。エンジニアのアラン・パーソンズが不参加だったこともあって『狂気』のような緻密な音作りは叶わず、あの張り詰めた緊張感もないが、本作には弱さをさらけ出したピンク・フロイドの人間味溢れる歌がある。ある意味、疲弊したピンク・フロイドを救ったのが、脱退したメンバーだったというのも皮肉な話だが、それほどバレットはバンドにとって大きな存在だった。（村尾）

15

Pink Floyd

Animals

アニマルズ

Harvest / 1977

1. Pigs On The Wing 1　翼を持った豚（パート1）
2. Dogs
3. Pigs (Three Different Ones)　（三種類のタイプ）
4. Sheep
5. Pigs On The Wing 2　翼を持った豚（パート2）

あの『一九八四年年』とならぶオーウェルの代表作にして警告の書『動物農場』に想を得て、作中の犬、豚、羊を、知識人、資本家、労働者に見立て、社会諷刺をくりひろげる文明批判音絵巻。発案者はいうまでもなくロジャー・ウォーターズ。次作『ザ・ウォール』で決定的となるリーダーシップは本作にはじまるという。

曲は『炎』のときにすでに舞台にかけていた「レイヴィング・アンド・ドルーリング」と「ユー・ガッタ・ビー・クレイジー」をそれぞれ「シープ」と「ドッグ」に鋳直し、ウォーターズの三種の「豚」がそれらをサンドイッチする構成をとっている。録音はメイスンの持ちビルに入居するブリタニア・ロウ・スタジオ。アビーロードで吹き込んだ『狂気』や『炎』に較べるとこぢんまりとしているが、ややデッドなエア感もあいまってひきしまったサウンドにはキャリア10年目の中堅ロックバンドの底意地を目の当たりにする感も。

リリース年にあたる1977年の英国は英国病とも呼ばれる社会状況に長らくあえいでおり、蓄積した不満はパンク誕生の呼び水になった。パンクスらの体制や偶像への批判は音楽界にもおよび、同年に『勝手にしやがれ!!』を世間にお見舞いするセックス・ピストルズのジョニー・ロットンが「I HATE」と自書したフロイドのバンドTを着て練り歩いていたのはよく知られるところ。一方のウォーターズもパンクなど眼中になかったというふうなことを述べてのちにやりかえしているが、権威や全体主義への対抗という観点では両者のあいだにさしたる隔たりはなかった。むしろ本作のような素朴な図式では語りえぬ複雑な世界に21世紀の私たちは暮らしていることをうきぼりにする効能も本作は有している。

ジャケットはロンドン郊外のバタシー発電所で巨大な豚のバルーンを実際にあげて撮影したもの。紐が切れて、空の彼方に豚が消えたとのエピソードもさることながら、ピクトリアリズムふうの写真がアルバムの寓話性を高めている。（松村）

『狂気』から始まったロジャー・ウォーターズ主導のアルバム制作。ウォーターズがアルバムの青写真を作って、バンドが肉付けしていくというアプローチが極まったのが『ザ・ウォール』だった。ライヴ中に騒ぐ観客に唾を吐いてしまったウォーターズは、思わずやってしまった行為にショックを受けつつ、ミュージシャンと観客の間に横たわる「壁（ウォール）」についての曲を考え始める。そして、孤独なロックスター、ピンクを生み出したウォーターズは、そこに自分の生い立ちも交えながらピンクの半生を描く壮大な物語を作り上げていった。

　かつてないスケールになりそうな作品を取りまとめるため、バンドは共同プロデューサーとしてボブ・エズリンをアメリカから招いた。ほとんどの曲の作詞作曲をウォーターズが担当。アナログ2枚組、全26曲というバンド史上最大のヴォリュームの曲を組曲のようにつなぎ、効果音をちりばめた映画的な演出、緩急を心得たドラマティックなストーリーテリングはピンク・フロイドの得意とするところ。ただ、本作がこれまでと違っているのは、ひとつの物語を音楽で伝えるロック・オペラ的な要素が強いこと。オーケストラや合唱団が加わり、ハード・ロック風のギターが響き渡る壮大な楽曲はリヒャルト・ワーグナーを思わせたりもする。そんななか、ディスコ・サウンドを巧みに滑り込ませた「アナザー・ブリック・イン・ザ・ウォール（パート2）」がシングルカットされて大ヒット。アルバムは過去最大のセールスを記録して英米チャート1位に輝いた。

　当時、ニューウェイヴのアーティストがサウンドが肥大化するプログレに反発するなかで、ピンク・フロイドは圧倒的な力技で王者の貫禄を見せつけた。しかし、その代償としてレコーディング中にリチャード・ライトが脱退し、メンバー間の亀裂は決定的なものになった。周りに壁を作って自分の世界に閉じこもったピンクにはシド・バレットを思わせるところもあるが、それはバンド内で孤立を深めたウォーターズ自身でもあったのかもしれない。（村尾）

16

Pink Floyd
The Wall
ザ・ウォール
Harvest / 1978

[Disk 1]
1. In The Flesh?
2. The Thin Ice
3. Another Brick In The Wall (Part 1)
4. The Happiest Days Of Our Lives
5. Another Brick In The Wall (Part 2)
6. Mother　マザー
7. Goodbye Blue Sky
8. Empty Spaces
9. Young Lust
10. One Of My Turns
11. Don't Leave Me Now
12. Another Brick In The Wall Part 3
13. Goodbye Cruel World

[Disk 2]
1. Hey You
2. Is There Anybody Out There?
3. Nobody Home
4. Vera
5. Bring The Boys Back Home
6. Comfortably Numb
7. The Show Must Go On
8. In The Flesh
9. Run Like Hell
10. Waiting For The Worms
11. Stop
12. The Trial
13. Outside The Wall

17

Pink Floyd
The Final Cut
ファイナル・カット
Harvest / 1983

ウォーターズ参加の最終作にしてソロ作の色も濃い一作。というのも一連の『ザ・ウォール』プロジェクトの掉尾を飾る一枚として構想しながら、前年にあたる1982年、英国アルゼンチン間にもちあがった第二次大戦後、最大規模の武力衝突、フォークランド紛争により、方針を急遽変更し制作に入ったから。中身は、ギルモアはまだしも彼らしいプレイを端々で聴かせるが、メイスンはほぼ蚊帳の外で、ライトにいたっては前作ですでに壁の向こうともなれば、ウォーターズの独壇場で、得意の風刺を利かせた朗々たるロック・オペラに仕上がっている。バブル期に向かう日本をやり玉にあげつつ、現行の紛争に言及しながら先の大戦で没した父を想起する冒頭の「ザ・ポスト・ウォー・ドリーム」、世界の指導者たちに悪態をつく「ザ・フレッチャー・メモリアル・ホーム」、翻って私的な内面を掘りさげる表題曲など、ウォーターズの絶唱もあいまって重厚な余韻を引く仕上がりとなっている。（松村）

18

Pink Floyd
A Momentary Lapse Of Reason
鬱
EMI / 1986

本作が初フロイドだったのはすでに述べたが、長いつきあいのなかで、年々旨味のようなものをおぼえるようになったのはスティーヴ・オルークが采配をふるった人選が功を奏したからか、贔屓目か。脱退したウォーターズに去りぎわ、残りの3人ではフロイドたりえないと、呪いをかけられた恰好になったギルモア、メイスン、ライトが発憤。ボブ・エズリンのプロデュースに、フィル・マンザネラ、トニー・レヴィン、カーマイン・アピスら腕利きを招き、ウォーターズ不在の歌詞パートはスラップ・ハッピーのアンソニー・ムーアらが埋めるという念の入った布陣で、意匠を復興し、現在に継承する——と聞くと、伝統芸能か民藝か骨董の類だが、実際そのような意見がいくらでも聞かれるようになったのが本作以降であろう。しかしその細部に耳を傾ければ、参加者の技能と職能が反映しているのが痛いほどわかる。本作のツアーを収めた翌年のライヴ盤『光』とあわせて、トーガソンがADに戻ってきたのもよかった。（松村）

19

Pink Floyd
The Division Bell
対 / Tsui
EMI United Kingdom / 1994

足かけ4年にわたるツアーでウォーターズ抜きのフロイド像を模索するとともに、ライトの復帰を経て、バンドらしい一体感と結束力に回帰した一作。とはいえギターが牽引役なのはまちがいなく、一編の物語のようなソロの組み立て、思わせぶりなスライドとチョーキング、多彩な音色を産出するフットペダル、アコースティックの効果的な使用も本作の特徴だが、これまで以上にのびのびと演奏するギルモアの姿が瞼に浮かぶ音づくりが堪能できる。基調となったのはガイ・プラットのベースをふくむフォーピースで、セッションで生まれた65もの楽曲から投票制で11曲に絞り込んだ。作家陣では前作にも参加したムーアが作詞家として再登板、ライトとコンビを組み、ギルモアの公私にわたるパートナーで元新聞記者のポリー・サムソンが7曲の歌詞で夫をサポートした。新鮮な人間関係がベテランの域に達してひさしいバンドに新たな息吹を吹き込み、全世界で1000万枚以上の売り上げを記録するヒット作となった。（松村）

20

Pink Floyd
The Endless River
永遠 / Towa
Parlophone / 2014

95年のライヴ盤『P.U.L.S.E（驚異）』が収める『対』のツアーで『狂気』の再現をやってのけ、満願成就となったか、10年ちかく休眠状態にあったはずのフロイドが突然炎のごとく燃え上がったラストアルバム。ともあれ布石はなくはなかった。本作に先立つ2005年のチャリティ〈ライヴ8〉ではウォーターズをふくむ4人が集結し、翌年7月7日にシドが世を去り、2年後の2008年にライトが他界。最後者に宛てた追悼盤である本作は結成から半世紀の時を経たバンドの終活作でもある。音源は同時期に20周年記念盤を出した『対』のセッションが多くを占め、ライトの過去のプレイの引用や、共同プロデューサーのフィル・マンザネラとアンディ・ジャクソン、キリング・ジョークのユースらのアイデアを加味する体裁をとっている。サウンドはしいていえばニューエイジ〜アンビエントだが、しだいにバンド感を増し、唯一の歌入り「ラウダー・ザン・ワーズ」で大団円を迎える構成はなかなかに心憎い。（松村）

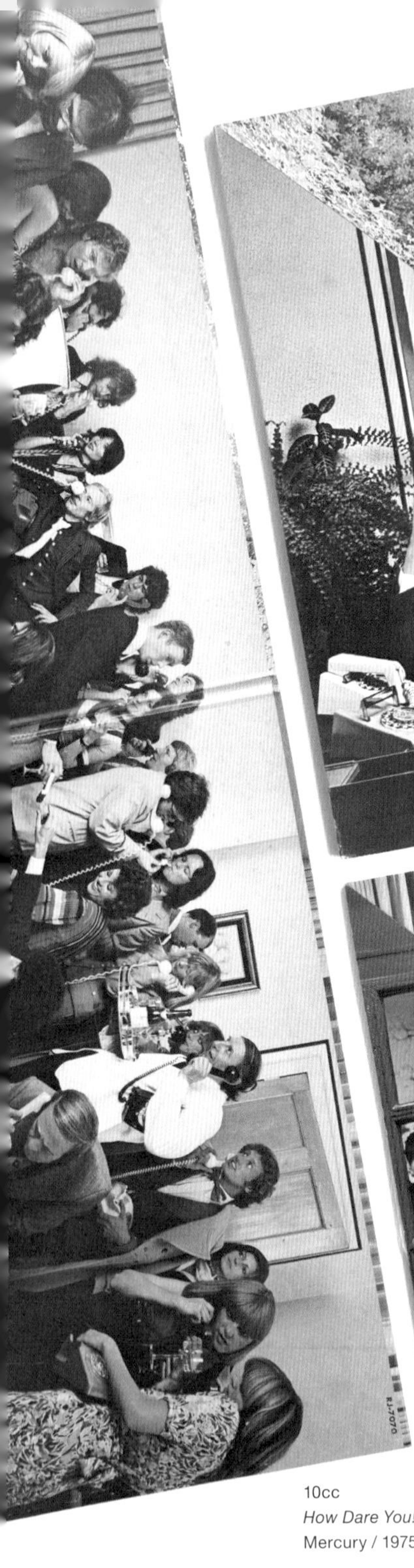

10cc
How Dare You!
Mercury / 1975

HIPGNOSIS GALLERY

Brand X
Livestock
Charisma / 1977

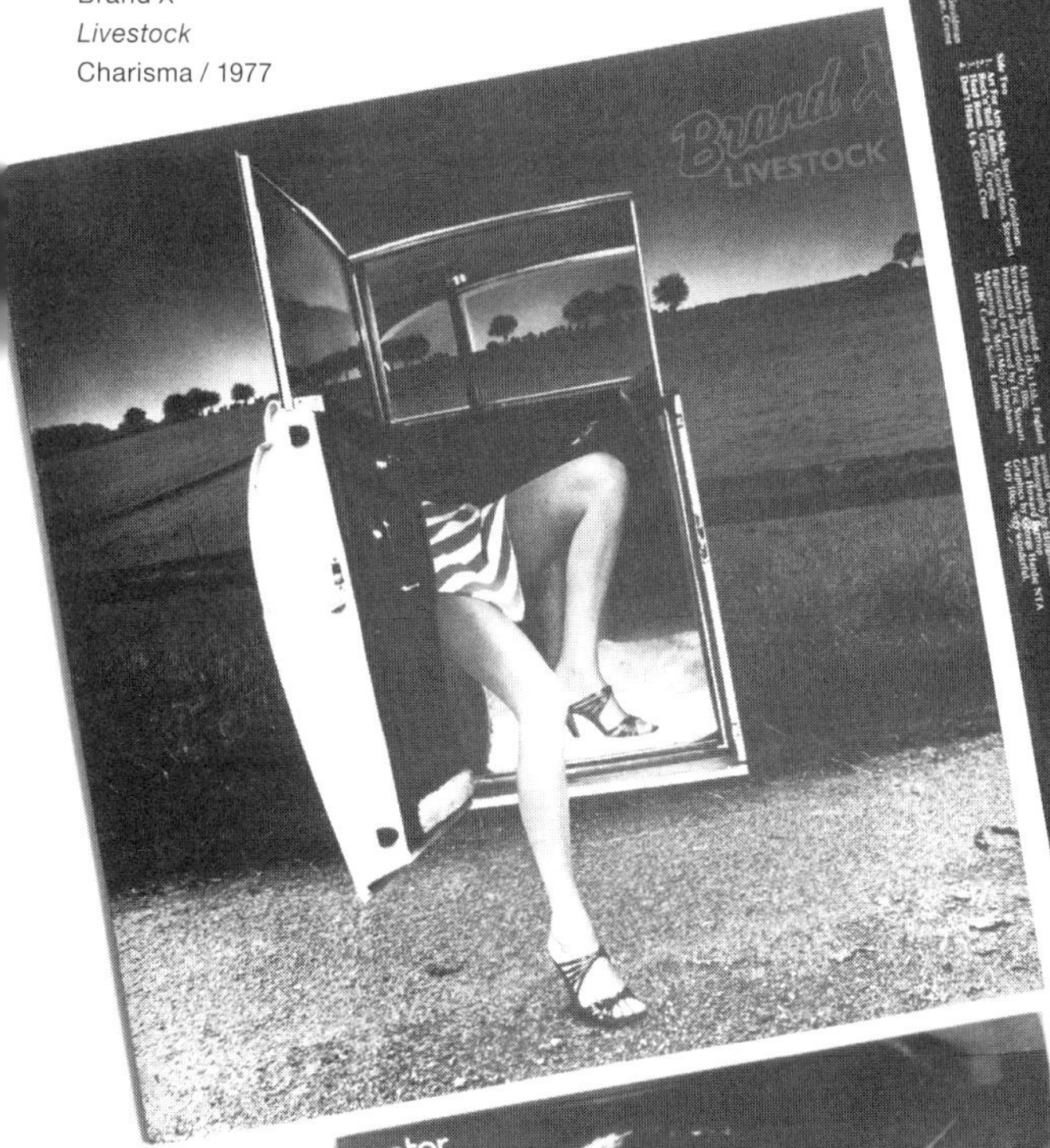

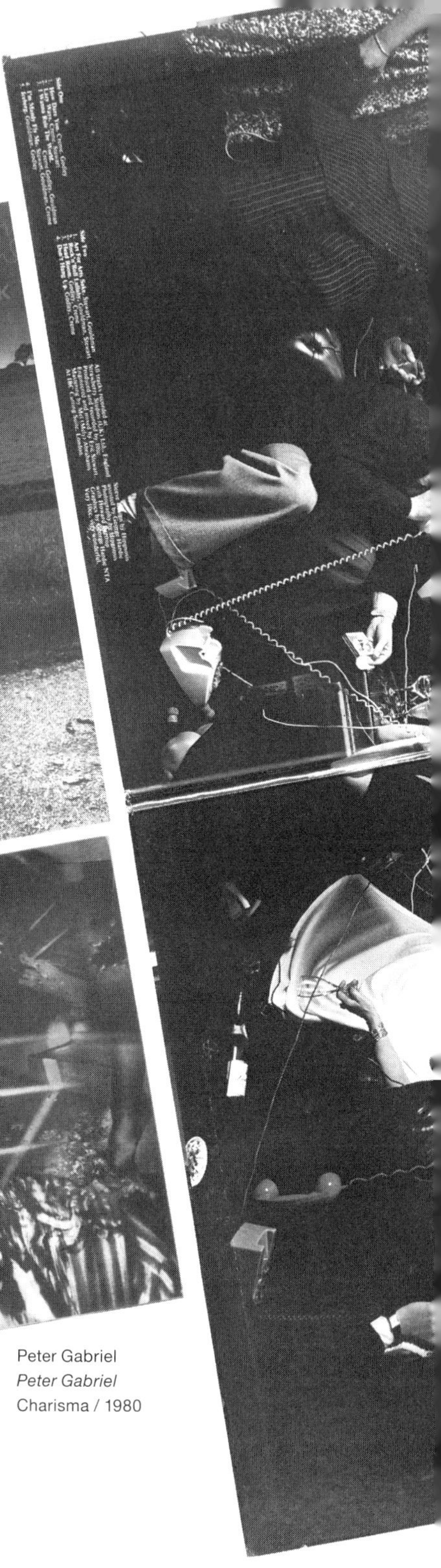

Peter Gabriel
Peter Gabriel
Charisma / 1982

Peter Gabriel
Peter Gabriel
Charisma / 1980

INTERVIEW / STORM THORGERSON

ストーム・トーガソン ヒプノシス

燃えてる男の「不在」の意味

山下めぐみ Megumi Yamashita

70年代のロックファンなら「ヒプノシス」という言葉に、哀愁にも似た甘酸っぱさを覚えるかもしれない。あの時代、アルバムジャケットには中の音楽に劣らぬほど、強烈なインパクトがあった。ジャケットを手に取っておもむろに開く。中袋を引き出し、親指と中指でレコードを取り出す。いよいよレコードに針を落とし、再びジャケットを手に取ってみる。ふむふむ、これも〈ヒプノシス〉のデザインか…。

ピンク・フロイド、レッド・ツェッペリン、10CC、ウッシュ・ボーン・アッシュなど、〈ヒプノシス〉はあの時代のアルバムデザインをリードするキングだった。そのコンセプチュアルで謎めいたデザインは、サウンドと一体となって「あの時代」のカルチャーを象徴的に表している。

〈ヒプノシス〉は88年に解散しているが、主要メンバーのストーム・トーガソンは、その後もソロでデザイン活動を続けてきた。このインタビューは、2001年渋谷のパルコギャラリーで開催された個展「アイ・オブ・ザ・ストーム」に先駆け、雑誌『スタジオ・ボイス』のために行われたものである。場所は地下鉄ベルサイズ・パークのすぐそばにあったトーガソンのスタジオ。展覧会の準備のためか『狂気』や『聖なる館』などのスケッチ原画が無造作に置かれており、一ファンとして大興奮した記憶がある。イギリス的なジョークを連発するトーガソンは、口は悪いがジェントル・ソウルだった。私がピンク・フロイドやレッド・ツェッペリンのファンだとわかって、帰り際にポスターなどにサインをして、いっぱい持たせてくれたことも思い出深い。

　インタビューの最後に「長年あたためてるテーマを映画にしたい」と言っているが、それはシド・バレットのことだったのだろう。二人の死後になってしまったが、映画『シド・バレット　独りぼっちの狂気』がリリースされたことは一つの時代の記録としても大いに意義がある。第二次大戦中やその直後に生まれたこの世代に型破りなクリエーターが多いのは、LSDなどの影響のせいだけでなく、世の儚さや命に限りがあることをリアルに感じていたからかもしれない。このインタビューが20年以上の月日を経て、再び掘り起こされたこともうれしく感じている。

ピンク・フロイドの連中とは幼なじみ

――ヒプノシス Hipgnosis＝ヒップhip＋グノーシス gnosis（叡智）かつ、催眠術 hypnosisとも引っ掛けたネーミングもカッコイイですが、「ストーム」という名前もカッコイイですね。日本ではストームを意味する「嵐」なんていうグループが人気ですが、本名ですか？

　いや、実は本名はブライアン…冗談、冗談！　もちろん本名さ。北欧なんかじゃ珍しくない名前だよ。母が女の名前しか考えておらず、男が産まれて急遽、父方のノルウェー人の叔父の名前を取って「ストーム」と名付けたらしい。その叔父は印刷業を営んでたんで、職種も引き継いだわけだ。ところで、なんだその「嵐」ってのは！ぶっ殺すぞ！このところ自分の名前をパクったもんが多くて迷惑してる。まあ、便利な名前だよ。子供の頃は変なあだ名を付けられたりするもんだが、そういうこともなかった。ショービジネスで仕事するには、打って付けの名前だね。

――お母さまはピンク・フロイドのロジャー・ウォータースの母上と親友だったそうですが。

　そうそう。フロイドの連中も自分もケンブリッジの出身でね。ロジャーは同じ学校の1年上、シド・バレットは1年下だったんだ。デイビッド・ギルモアは隣の学校に行ってて、はじめて会ったとき、半ズボンをはいてたのを覚えてる（笑）。

――ということは幼なじみ的な関係で、ピンク・フロイドのアルバムのデザインを手掛けることになったんですか？

　まあ、そんなところかな、流れでね。高校卒業後はレスターの大学に進学したんで、初期の頃のフロイドとはそんなに交流はなかった。その頃はシドがデザインもやってた。そのうち、67年後半ぐらいからシドがヤバくなってきて、デイビッドが代わりにメンバーになったり、いろいろあったんだ。それでセカンドアルバム『神秘 A Saucerful of Secrets』（1968年）のジャケットを手掛けたのが始まりだね。

ロイヤル・カレッジでフィルムを学んだ

——大学では文学を専攻されたそうですが、デザインの勉強とかはされたんですか?

　大学卒業後は映像がやりたくて、ロイヤル・カレッジ・オブ・アートのフィルム・スクールに行ったんだけど、写真やグラフィックは独学といったところだ。

——美術専門の大学院、名門ロイヤル・カレッジ・オブ・アートは数々の逸材を輩出していますが、その頃、どんな在校生がいましたか?

　トニー・スコット（リドリー・スコットの弟で『トップ・ガン』などの監督）は同級だった。グラフィックデザイナーのジョージ・ハーディとか。同じ学校でも専攻ごとに分かてたから、他の専攻の連中とはあんまり交流がなかった。デイビッド・ホックニーとかはだいぶ上だったはずだし。

——ヒプノシスは在学中に結成したんですか?

　それに近いかな。ビンボー学生だったから、お金になる仕事はなんでもやりますよって感じで。当時はスタジオも借りられなかったから、カレッジの暗室であれこれ実験的なことをしながら、作品を作ったもんさ。フロイドがビッグになったのはラッキーだった。そこから仕事が増え始めた。カレッジ卒業してから、母から少し援助があったもんで、70年にソーホーのデンマーク・ストリートにスタジオを借りることができた。ここから正式に〈ヒプノシス〉がスタートしたわけだ。当時は僕とポー（オーバリー・パウエル）の二人で、74年にピーター・クリストファソンが加わり、83年まで活動した。

夢からアイディアを得ることも

——初期のピンク・フロイドの音楽は非常に実験的ですが、ジャケットも実験的といいますか、サウンドとあんまり関係なく突っ走ってる感もあります。例えば『原子心母 Atom Heart Mother』（1970年）のジャケットではいきなり「ウシ」ですが、あれは何故なんでしょう？すごくインパクトがあり、傑作だと思いますが。

　母のシンボルでしょ！乳牛だもん。とは言いつつ、あのタイトルはアルバム発表の直前になって、新聞の見出しから取って付けたもんなんだけどね。プログレッシブでサイケデリックなレコードに、わざとはずして、ぜんぜん関係ない「ウシ」ってのが 意図っていえば意図なのさ。

——なるほど…。フロイドのものに限らず、あなたの作品は謎めいていて、あの時代特有のコンセプチュアルなロック・ミュージックとも表裏一体でした。とくに日本人は英語の歌詞がよくわからないもんで、ジャケットのデザインを通してアルバムの意味を読み取ろうとしたもんで。〈ヒプノシス〉という名も手伝い、催眠にかけられたごとく、勝手な意味合いを想像した人も少なからずと思いますが、実際のところはどうなんでしょうか？

突然イメージが湧いたり、ごく稀に夢で見たことからアイディアを得ることもある。例えば、ピーター・ガブリエルのサードアルバム（1980年）は、本当にピーターの顔が溶ける夢を見たんで、あのデザインになったのさ。ポラロイドで撮ったものを、まだ表面が塗れてるうちに擦ってああいう風に歪めたんだけど。ほとんどの場合は音楽を聞きながらイメージを膨らませ、デザインを構築していく。ミュージシャンと話し合いながら作り上げていったり。まあ、ケースバイケースだね。

——もう少し具体的な例をお聞かせください。

例えば『狂気 Dark Side of the Moon』（1973年）は七つのラフ案を出して、フロイドの連中に選ばせた。そしたら「プリズムがカッコイイ」っていうもんで、ものの3分で決定さ。あれは他のアルバム用に考えた案だったから、別の案にして欲しくてゴネたんだけどね。

『炎〜あなたがここにいてほしい Wish You Were Here』（1975年）はこれとは対照的だ。「あなたがここにいてほしい」つまり「不在」がテーマのアルバムで、この「不在」をビジュアル化するのに、あれこれ苦労したわけだ。まずは黒いビニール袋に入れて、開けないとカバーが見えないようにしようと考えた。そんな時、あの事件が起きた。アビーロード・スタジオで、ちょうど『クレイジー・ダイアモンド Shine On You Crazy Diamond』を録音してるときだった。この歌の題材になってる本人、シド・バレットが6〜7年ぶりにフラッと現れたんだよ。もう、完全にイカレてた。かなり太ってスキンヘッドで、顔は黄色っぽく目は窪んでてさ…。「なにか手伝えないか」って言うじゃないか。デイビッドもロジャーも泣いてたよ、愛する友人の変わり果てた姿を見て。肉体は在るけど、心は不在だった。この強烈な出来事からあのアルバムジャケットのデザインが出来たんだ。火がついて燃えてる男に「不在」の意味を込めたのさ。

ツェッペリンの黒いオブジェとは？

——では、逆に「存在」を意味するレッド・ツェッペリンの『プレゼンス

Presence』（1976年）のアルバムカバーにはどんな背景が？

あれは捕らえどころのない「怒り」が元になってる。古いレトロ調の写真に対する嫌悪感から、ああいうデザインになった。古い写真を使うことは、我々から新しい仕事を奪うことにつながる。つまり新しいクリエーションを否定することの象徴とも言える。だから、わざとレトロな家族写真を撮り、そこに「ウンチ」を見舞おうと思ったのさ。でも僕はデザイナーであるから、お上品なウンチをデザインしたわけで、それがあの黒いナゾのオブジェなのさ、ははは（笑）。

――な、なんと！で、ツェッペリンのメンバーの反応は？

もちろん気に入ったさ。だってオブジェを「パワー・ソース」と解釈したわけだから。それからあの黒いものはオブジェじゃないんだ、影がないでしょ？実はあれは写真を切り抜いた部分なんだよ。つまり「不在」であり、「存在」と対極するものなのさ。アルバムのタイトル「プレゼンス（存在）」は、このデザインに基づいて後付けで決まったんだ。

――むむむ、それはかなりコンセプチュアルですが、元が「ウンチ」であっても、そこまでの高みに上げるとは、天才的です。つまり古いものをそのまま使ったり、インチキにそれらしくするのがお嫌いなわけですね？

まあ、そういうことだ。僕の作品をシュールだって言う人は多いが、実は全然シュール（超現実的）じゃなくて、現実そのものなんだ。『アニマルズ Animals』（1977年）だって、実際にブタの風船を飛ばして撮ってる。『鬱 A Momentary Lapse of Reason』（1987年）では、海岸に700個のベッドを並べて撮ってるわけだし。そんなわけで、お金は掛かるわな。まあ、ハイパーリアルというか、普通じゃない奇妙なものが好きなんだ。

自然と人工的なものとの対比が好き

――雄大な自然のなかで実写した作品も多いですよね。

僕が強烈に惹かれるのは「自然」であり「風景」なんだ。ただ、それに相反する人工的なものを配して、対比させることが好きなのさ。あと、連続するもの、身体、動物、大きな彫刻、水なんかも好きなモチーフだ。それとランド・アートっていうか、自然の中の彫刻みたいなヤツね。アンディー・ゴールズワージーの作品は大好きだよ。

――外ジャケットだけじゃなくて、内ジャケットもいつも凝ってますよね。

うん、内ジャケは「売れるように」とか、モロモロを考えずに自由にやれるから。よりアート色の強い実験的なものでもアリというか。もっともレコード会社によっては、外から見えないところにお金をかけるのを渋ったりするけどね。

――レコードに比べて、CDの仕事のほ

うがつまらなかったりしますか？
いや、そんなこともないさ。CD用ということで、レコード版のデザインに手直しを加えたりもできるしね。レコードでもCDでもフィルムでもウェブでも、どれも楽しんでやってるよ。

――マルチなクリエーターなんですね。御自身のことをどう表現しますか？

　フォトグラファーであり、グラフィックデザイナーであり、フィルムメイカー。あるいは、そのどれでもないかもしれない。自分の写真は非常にアウトサイダー的だし。また、いわゆるグラフィックデザイナーのように、線や形、フォントやイラストを使ったデザインはしない。アナログ世代だからパソコンでデザインするのは嫌いだしね。最終的にひとつのデザインにまとめ上げる時にパソコンは使うけど、デザイン過程のツールとしては使いたくないんだ

今後は映画も撮ってみたい

――1983年にヒプノシスが解散してから、現在までの活動を教えてください。

　83年にソーホーからイズリントンにあるフロイド所有のでかい倉庫に移り、同じメンバーで「グリーン・バックス」という映像制作会社を設立した。松任谷由美の映像を作ったりしてね。そこまではよかったんだけど、ビージーズのバリー・ギブの映像でなぜか大損してね…。会社は倒産、みんな解散さ！ここから立ち直るのに随分時間が掛ったよ。もういいの、過去の話さ。今はポーもピーターもそれぞれ自分の仕事をしてるし。僕もクランベリーズのアルバムジャケットや、ウェブでのショート・フィルムとか、いろいろやってる。パルコギャラリーでの展覧会ははじめての個展なんだが、ロンドンや他の国でもやりたいと思っている。長年あたためてるテーマを映画にしたいとも思ってるしね。

――今回の訪日は何回目になりますか？

　2回目。1回目は73年かな、フロイドのツアーに同行したとき。いやあ、あのあと離婚したりで大変だったよ。

――ま、お若かったから。セックス・ドラッグ・ロックンロールって感じだったですかね。

　ハハハハ。まあ、久しぶりの訪日を楽しみにしてるよ。

（『スタジオ・ボイス』2001年7月号より）

山下めぐみ
1990年代よりロンドン在住のライター／ジャーナリスト。専門はデザインや建築。
@architabi

INTERVIEW / NAOKI TACHIKAWA

立川直樹 音楽プロデューサー

マッドだけど暗くないシド・バレット

「うつむき加減に生きていないということが、
僕は恰好わるいなと思ってしまう」

シド・バレットひいてはピンク・フロイドを音楽だけでなく、文化的な事象や出来事として捉え、時代の広がりのなかで考察する——。本書を編むにあたって立川直樹の視点は欠かせない。1960年代末の本邦デビューからオンタイムで彼らの音楽に併走し、本邦における受容の変遷を目の当たりにしてきた立川直樹に、自身の足跡とあわせて、シド・バレットとピンク・フロイドについて話を訊いた。

——立川さんとピンク・フロイドやシド・バレットの音楽との出会いについて教えてください。

ピンク・フロイドとの出会いはデビュー・アルバムです。山野楽器で輸入盤のジャケットを見て、即買いしました。ピンク・フロイドという名前もそうだけど、とにかくあのジャケット、これは趣味だなと。ほぼ同じときにドアーズもジェファーソン・エアプレインもジミヘンも全部出たんですよ。僕はサイケデリックとかフラワームーヴメントが基本的に好きだったんです。ティモシー・リアリーとかドアーズのバンド名の由来になっているウィリアム・ブレイクとか。そもそも中学時代からダリのようなシュルレアリスティックなものが好きでしたから。

——1960年末から70年代初頭、そのような情報はどのようにキャッチしていたのでしょう。

たとえばボリス・ヴィアンの本を古本屋で目にしたとき、表紙がいいから買うというような猟犬みたいなところが僕にはあって、なにかを探りあてるのは自分でも思うけど早かったし巧みでした。

――直感的にここになにかあると感じるということですね。

ヴェルヴェットもそうだった。当時日本盤は出ていませんから全部輸入です。米軍キャンプに出入りしていたこと、銀座のイエナ書店という洋書屋で、音楽や美術関係のあやしげな洋書を入手できる環境にあったこと。その点では東京に住んでいたということですよね。アートシアターでゴダールの映画をリアルタイムで観られたし、佐藤重臣さんという映画評論家の方が、いま思えば、権利関係はあやしいですが、スタン・ブラッケージやウォーホルの『エンパイア』（1964年）などを上映するのに十代のときに立ち会えたのはすごく幸せだった。けっこうませていたから17～18歳で新宿のナジャに出入りして、宇野亞喜良さんと知り合ってペットみたいにかわいがってもらったのもあって、なるべくしてそっち側にいったのかな、と思います。

――フロイドのファーストはどういうところがいちばんピンときましたか。

ほかのバンドに較べてキラキラしていたんですね。シド・バレットもリチャード・ライトもヴィジュアルがよかったじゃないですか。僕はきれいなものが好きで、汚いものや貧乏くさいものが基本的に嫌い。彼らはキラキラとして王子さまっぽかった。デカダンのプリンスですね。詩もシュールだったし、その後日本盤が出て対訳に目を通すと「いっちゃってるな」というすごさもあった。ロートレアモンやマンディアルグ、当時僕が好きだった詩人や作家に通じるものを感じました。十代のころって背伸びしたりしちゃうし、格好つけたいんですよ。それがいいといっていること自体が正義だ――というようなところがあるじゃないですか。そのころ僕はストーンズのブライアン・ジョーンズがすごく好きで、当時を知っているひとならわかるだろうけど、ブライアンみたいな毛皮のコートを着て毛皮のバッグをもって、ブライアン・ジョーンズになるんだという感じで生きていたんです。

――立川さんの愛称はミックですが、ブライアンだったと。

メインストリームじゃなくて、つねに斜めに世界を見ている人が好きだったんですね。ボリス・ヴィアンやセルジュ・ゲンズブールもそうですが、みんなどこか引いているんです。そこが田舎くさくなくて好き。うつむき加減に生きていないということが、僕は恰好わるいなと思ってしまう。シドなんかも、やっぱりうつむき加減の人生なんだと思う。それが僕はすごく好き。そういう資質をもちながら唯一、商業的に成功したのはデヴィッド・ボウイなんじゃないかな。

——**ボウイはシドに憧れていたという話がありますね。**

　ボウイには吸血鬼みたいなところがあって、自分がいいなと思うものを捕食動物みたいにとりいれる才能があるんです。シド・バレットにたいしてもそうだし、リンゼイ・ケンプにパントマイムを習うと、それがすべてステージでのパフォーマンスに結びついていく。「ボウイが選んだ１００冊の本」というような企画をみるとアンジェラ・カーターなんかも読んでいる。情報の集積の仕方がハンパじゃないんだよね。

——**当時のイギリスとアメリカのサイケデリック・カルチャーの類似点、相違点についてはなにか感じていましたか。**

　イギリスはパーソナルだけど、アメリカは完全にムーヴメントだと思った。グレイトフル・デッドやジェファーソン・エアプレインにしろ、アメリカはヒッピーカルチャーだったけど、イギリスはヒッピーというよりも、オスカー・ワイルドとか、デカダンで文学的なもの、あるいはヴィスコンティの映画みたいなものとつながっている感じがしました。すごくエレガントでデカダンなものと、ハイパーでいっちゃっているようなアメリカ的な西海岸のムーヴメント、僕は両方とも好きでしたよ。これはテレンス・スタンプから聞いた話ですが、テレンス・スタンプのお兄さん（クリス・スタンプ）はザ・フーのマネジメントを担当していたわけだけど、彼らは西海岸とつながっていて、テレンスなんかはＬＡに行くと、ジム・モリソンたちとドラッグをやったり、そんな日々だったみたいです。僕はことあるごとにいっていますが、ひとは人種や国籍ではなくて、種族だと思っているんです。ピンク・フロイドは『アニマルズ』で犬と羊と豚といったけど、これまで50年以上、いろんなひとと仕事をするなかで、合う人は、何人ということでもないし、年齢でも職業でもない、テイストのようなものがあるんですね。だからそれは種族なんですよ。種族であり、部族みたいなものだと思うんです。

洋楽としてのピンク・フロイド

——**立川さんはピンク・フロイドの音楽と出会ってほどなく、ライナーノーツを手がけられていますが、どのようなきっかけだったのでしょう。**

　ちょうど１９７０年ぐらいに、大森庸雄さんという音楽評論家の方と知り合い仲良くなったんです。大森さんに、僕に紹介したい人がいるといわれて、当時溜池にあった東芝レコードで紹介されたのが石坂敬一さん。石坂さんと会ってちょっと話していたら「きみはすごく面白いね、なんでそんなに詳しいんだ」

となって、ちょうどそのころ、ピンク・フロイドもそうだけどアートっぽいバンドが大量に出てきて、それまでの八木誠さんとか、そういうひとたちが書くときに参考にしていたアメリカのヒットチャートでは解読できない音楽が大量に流れ込んできていたんです。石坂さんは勘がよかったから、それを書かせるひとを探していたようなところがあって、僕と今野雄二さんがそこで一気に石坂さんから発注が来るわけですよ。21歳のときです。僕は本も読むのも書くのも好きだったし、小学生くらいからずっとレコードと暮らしていたようなもので、それこそライナーノーツも読んでいたから。ただ文章はとくに文学的に書こうと思ったわけではなくて、植草甚一さん的なものを目指していたら、そうなったということですね。

——最初に発注を受けた作品を憶えていますか？

『ダーク・レディ』というピート・ブラウンとバタード・オーナメンツのレコード。ピート・ブラウンはクリームの詩を書いていたひとで、バタード・オーナメンツはクリス・スペディングがギターの、いわゆるジャズロックのバンドで、ポエトリー・リーディングをやっていたのね。ポエトリー・リーディング、ジャズロックとなると、それまでのヒットチャート的なものをベースにして書いていた音楽評論家では手に負えないんです。それを書いたら、ライナーを読んだCBSソニーレコードの磯田秀人さんというディレクターから「こんどフロックというバンドが出るんですけど、それは多分、いままでの音楽評論家では書けません、一回会って聞いてください」とご連絡いただきました。フロックはジェリー・グッドマンのヴァイオリンがメインのかっこいいジャズロック。その2枚で、どうしようと困っていた各社から山のように発注が来るようになったんです。

——時代とリンクしたんですね。

僕はそのときから職業はひとつだけじゃないと思っていたから、舞台美術やお店の経営とか、いろんなことやっていました。全部が渦巻きみたいにまわっていった感じがすごくします。

——当時からそんなにいろんなことを複合的に手がける志向だったんですね。

そのころの日本だと、ひとつの職業をちゃんとすることが正しいという風潮でしたから、まったくいかがわしい人間に映ったでしょうね。なにをやって儲けているんだろうという視線はつねに感じていました。たとえば、72〜73年には映画音楽の仕事で撮影現場に出入りするようになりますが、日活のロマンポルノで橋本文雄さんという録音技師の方とご一緒していたとき「あんたレコードのあれも書いてんの⁉ なんかうちの息子がこんど紹介してくれっていうんだよ。あんたそんなこともできんのか」というんだよね。逆にレコード会社にしてみれば、なぜ音楽評論家が映画音楽をプロデュースしているのか不思議だったと思う。

——日活では『嗚呼!!花の応援団』（1976年）で音楽監督をされています。

ATGの『不連続殺人事件』（1977年）もそうだね。同じころ、伊丹（十三）さんともすでに仕事をしているんですよ。『伊丹十三の古代への旅』（1977年）という今野勉さん、テレビマンユニオン制作の番組ですね。『マルサの女』（1987年）をはじめるときは、プロデューサーから伊丹が会いたいといっているから来てくれと連絡があって、会いに行ったら「映画は音楽が大事なんだよ。一緒に組まないか」といわれて、好きなようにやらせてくれるなら、といって始めて、監督が亡くなるまでつづけましたよ。

——余談になりますが、『マルサ』のとき、伊丹監督の注文というのはどういうものでしたか。

とにかく映画は音楽がダメだとヒットしないんだと。伊丹さんがいうのには「『007』とかカッコいいだろ？　ああいうのがいいんだよな」といっていて、台本を読んだときに閃いて、伊丹さんはちょっとヘンなものつくりたかったと思うの。僕はそれまで本多俊之とは何本かやっていたから、本多くんに「一緒にやろうぜ」と誘ったんです。僕にとってあれはもう完全に「トゥモロウ・ネヴァー・ノウズ」とか「マネー」とか、ああいうのが頭にはいっていたんです。

——はからずもフロイドの「マネー」が出てきましたが、「マネー」も『マルサ』もたしかに変拍子ですね。

そうです。本多くんとは組んだときに、アイデアは出すけど、作曲のクレジットは彼にあげる。だけど編集権は僕にくれ、と。だから本多くんは録音しただけで仕上げには来ない。サビもメロも僕が好きにつなぎあわせて、楽器のミックスも全部やったんです。だから映画音楽としてかっこよく成立しているんです。

——フード・ブレインの『晩餐』（1970年）でも加部正義さんが『神秘』の「光を求めて」を彷彿させるベースラインを演奏されていた憶えがあります。

あれが僕が最初にクレジットされたアルバムですよ。アシスタントプロデューサーですね。21歳のときだね。すでにフロイドのライナーを書いていたと思うけど、同時多発的にやっているから、なにが最初だったかわからなくなるんですよね。

——またしても余談ですが、フード・ブレインにタージ・マハル旅行団の木村道弘さんが参加されていますが、どなたのアイデアですか。

あれは僕です。ジャケットデザインを木村さんにお願いしたいときに、タージ・マハル旅行団のライヴで僕も一緒にやったことがあって、それで木村さんに、ちょっとアヴァンギャルドなやつに入ってよとお願いしたのが「穴のあいたソーセージ」という曲です。

――あの曲があるから、フード・ブレインの『晩餐』がニューロックにとどまらないものになりましたよね。

ニューヨーク・アート・カルテットとかアーチー・シェップとか、ああいうのもすごく好きだったから、そういうのとピート・ブラウンのやっていたものなども、僕のなかでは全部一緒なんですよ。

――そのような感覚はなかなかないですよね。

ぜんぜんいなかったと思いますよ。その後、セルジュ・ゲンズブールと知り合い、ストーム・トーガソンやミック・ロックとも仕事をしますが、みんなが「ほんとおまえ日本人なの?」と口をそろえます。カルチャーとしては彼らと同じ空気感のなかで生きていたから、仕事をしていても向こうも楽だったでしょうし、全面的に信用してくれて、権利がどうとかいうことは関係なく「いや、おまえがよかったら全部好きに使えよ」といってもらえました。信用というのはテイストとセンスが同じひとにしか感じられないと思うんです。

――ピンク・フロイドの音楽に生で接したのは１９７１年の箱根アフロディーテということになりますか。

そのときもうニッポン放送で仕事していたから、来日に合わせて渋谷公会堂かどこかで開催したピンク・フロイドのウェルカムイベントのプロデュースと構成も僕がやりました。箱根のアフロディーテのときはバックステージで、もう存在感からめちゃかっこよかったですよ。

――2日ありますが、両日とも舞台袖からご覧になったんですか。

チューニングだけで20分やっているのをみていましたよ。それで彼らは翌72年に再来日するんです。実際にかかわりはじめたのはそのときが最初ですね。『ダークサイド・オブ・ザ・ムーン』を全編演奏するにあたって、バンドが原詩を送ってきたんですね。レコードが出るのは73年ですから、レコードが出ていない曲を、英語がわからない国でやるからには歌詞を日本語に訳してコンサート会場に配ってくれ、という依頼が来るわけです。それで石坂さんが僕に連絡してきて、海外渉外課にすぐ粗訳をやらせるから、夕方までにそれを全部日本語として成立するようにチェックしてくれ、といわれて、「月の裏側」と書いた歌詞を配ったんですね。そこから仕事らしい仕事がはじまったと考えると、長いですよね。

――その時点では『狂気』というアルバムになるということはごぞんじないわけですよね。

「ダークサイド・オブ・ザ・ムーン」という原題だけです。それを最初は「月の裏側」と訳して、1973年のリリース時に、あやしげな邦題をつける天才だった石坂さんが『狂気』と名づけたんです。

——石坂さんの邦題のつけ方にかんしてエピソードなどはありますか。

石坂さんは僕よりちょっと上ですが、たとえば僕が、ユイスマンスの『さかしま』が面白いから読めば、と勧めると、すぐコックニー・レベルのアルバムタイトルにつけちゃう（原題は『The Psychomodo』）。判断が早くてセンスがいいひとで、とにかく最高なのは、情報はいっぱいほしいから本はたくさん買うけど、あとがきしか読まない（笑）。いちおう自分は読んだことにしているんだと、それは管理職というか上にいくひとのすごいセンスだと思う。

——必要があれば、誰かにお願いすればいいわけですから。

僕はそういうひとたちにかわいがってもらって、好きなことやらせてもらった、すごく幸せな人生だったと思います。

シドの悲劇？

——ピンク・フロイドの作品すべてお聞きになっていると思いますが、現在からふりかえって、立川さんにとって、もっとも重要だと思われる作品はなんでしょう。

それがいちばん難しいね。エピソードでいうと、今回のシドにも関連するけど、楽曲としての「シャイン・オン・ユー・クレイジー・ダイアモンド」。あの曲は出た直後はちょっと物足りなかったけど、聴いているうちにむちゃくちゃハマってすごいものだなと思うようになった。

『イギリスから来た男』（1999年）という映画の公開にあたって、出演しているテレンス・スタンプが来日するからインタヴューしてくれないかといわれて、昔から大好きだったので、引き受けたことがあるんです。僕がテレンスに「人間にはいろんな音楽の記憶があると思うけど、自分のお葬式のときにかけてほしい曲のことを考えたことある?」と訊いたら「おまえ面白いことというな」といわれて「おまえは考えているのか」と逆に訊かれたので「うん、考えている」と応えたんですね。俺もそういわれてみたらあるな——、ということで答え合わせしてみたら、ふたりとも「シャイン・オン・ユー・クレイジー・ダイアモンド」。あの切ない感じと詩のはじまる瞬間がすごくいいよなという話になりました。あの曲の構築力は別格な感じがします。あれはもう曲がいいというのと、長さもふくめて楽曲としてすごいと思う。あと、アルバムでいうと意外とみんな軽視しているけど『ファイナル・カット』はすごく好き。あのアルバムはすごくいいオーディオで聴かないとよさはわからない。じつは僕もちょっとなめていて、テクニクスのイベントを金沢でやったときに『ファイナル・カット』をちゃんとしたオーディオシステムで聴いたら、あまりのすごさに涙が出ました。たしか当時、オーディオヴィジュアルという言い方や、ホロフォニックス・サウンドという謳い文句がありましたが、こういうことだったのかと。もう音が層になっている。ある種マッドな感じがあるんですが、でも、ピンク・フロイドのマッドな感じの原点はやっぱりシド・バレットですよね。今回の映画の最後のほうで、ロジャー・ウォーターズが「これは時代を生きた人の記憶だ」というようなことをいうじゃない。あれはちょっとグッときました。冒頭にドン・デリーロの小説から引いているのも好きだった。前後を締めている感じがします。

本編にはメンバーたちが「自分たちが声をかけてあげるべきだった」というような発言もあるじゃないですか。すごくわかるんです。たとえば自分でも、だれかとつきあっていて、忙しいからと無下に断ったことが、そのことがたとえ原因ではないにせよ、人生がダウンしていっちゃった人間のことを、この年になると思い出すことがある。あの映画にはそういう意味での「痛さ」もあるんです。

――立川さんのおっしゃる「マッド」はかならずしもネガティヴなニュアンスばかりではない気がします。

僕が好きなひとは大なり小なりマッドなんだよね。ウィレム・デフォーも、デニス・ホッパーも、伊丹さんもそうだし、セルジュもテレンスも、マッドですよ。

――立川さんはシドの友人であるミック・ロック、ストーム・トーガソンともお仕事されていますが、彼らはいかがですか。

マッドですよ。ストームとは2001年にパルコで展覧会をやったんだけど、仕込みの段階から出てくるアイデアがマッドでした。見た目はボートハウスのおじさんみたいなんだけどね（笑）。パルコから「トーガソンさんと契約書をつくりたいので、立川さんのところでアレンジしてください」という依頼があったときも、そのことをストームに話したら「なんだ、それは。俺はおまえと仕事するのであって、おまえはいままで俺と連絡とっていてヘンなことあったか？」と訊かれたから「ない」と応えると「おまえ俺のこと好きだろ」「大好きだよ」「だったらそれでいいじゃないか。契約書なんかお前とパルコが勝手にやって書いておけ」と。展覧会で日本にいろんなものを送ってくるでしょ。スティール製のでかいポスターとか、こんなもんファインアートでもなんでもないし、おまえと仕事してすごく楽しかったからやるよっていって、いまも事務所にありますよ（笑）。『鬱』（1987年）の海岸で撮ったベッドの写真もシリアルナンバーつきのプリントを「これは俺の気持ちだと」とプレゼントしてくれました。

――ヒプノシスのヴィジュアルイメージについて立川さんはどのようにお考えですか。

手仕事だから好きなんですよ。ＣＧとか使わないじゃないですか。全部実際につくっちゃう、そういうところもふくめてマッドだと思う。僕にもそういうところがあって、ヴィスコンティの企画とか、やりはじめると金銭感覚がなくなっちゃうことがあるから。

――一連のヴィスコンティの企画（映画音楽を編んだ『ヴィスコンティと音楽』や、ヴィスコンティの足跡を追った篠山紀信撮影による写真集『ヴィスコンティの遺香』）**は画期的でした。**

あれはお金的には損をしたけど、やったことで僕がメディアミックスという言い方をしても説得力をもつようになった。お金は何回かやってチャラになればいいわけだから。クリエイティヴにかんしては、シドは破滅型で行っちゃったけど、彼のスピリットというのはロジャー・ウォーターズなんかにみごとに受け継がれていると思うんですよね。ロジャー・ウォーターズはアーティストとしてはデンジャラスじゃない？　コンサートでナチの制服を着たかどで捜査されたり、トランプは豚だというような映像を映したり、かなり危ないとこにいっているのは、ロジャー・ウォーターズにシドの種みたいなのがあるからだと思う。そこに父親が戦争で死んだというバックボーンの独特な暗さがミックスされているのかもしれない。逆にシドはマッドではあっても暗いと思わない。シドとか、チェット・ベイカーとかビリー・ホリデイみたいなひとを暗いと思うのはみんな誤解で、彼らはドラッグ中毒者ではなく愛好者なんだよね。全然暗くないもん。

――「悲劇」というバイアスはありますよね。

シド・バレットは悲劇じゃない。ああいうひとが存在したというだけでね。たとえば『ザ・ユナイテッド・ステイツvs.ビリー・ホリデイ』（２０２１年）でのビリー・ホリデイとアメリカ西洋史とが対立するような描き方だと、暗すぎると思うんです。ああじゃないんだよ、あのひとは。もうひとつのドキュメンタリー『ＢＩＬＬＩＥ　ビリー』（２０１９年）で、トニー・ベネットが十代でクラブのボーイをやっていたときに、ビリーがガーターのところから10バックス出して、坊や、ジントニックもってきてちょうだいっていったときに、こんなにいい女がいるのかと思った、というのがすべてです。なにか日本のメディアみんな暗くしたがるんだよね。だからはっきりいいたい。シドは暗くない。

（２０２４年4月24日　六本木で）

INTERVIEW / TSUYOSHI KAWASOE

河添剛

音楽・美術評論家

絶え間なく移動し、付き纏い、偏在する、シド・バレットへの自由な愛着

――まず、月並みな質問をさせてください。河添さんがシド・バレットに興味を持ったきっかけは何だったのですか。

　そういう質問をしていただけて、僕は嬉しく思います。そして僕が彼を知ったきっかけは、確かに「月並み」なものでした。が、それから彼への関心が極めて特別な性格を持つものとなっていったんです。そのことを今あらためて思い出すことは、僕個人にとっては楽しいことなんです。

　あまりにも遠い昔のことなので、正確な日にちはもちろん記憶していませんが、１９７３年の春、僕が小学6年生を終える春休みの頃か、あるいは中学生になったばかりの頃に、親友の家でリリースされたばかりのピンク・フロイドのアルバム『狂気』を聴いたんです。ご存じのように、『狂気』は日本でもたちまち大ヒット作になりました。当時の日本では飛ぶ鳥を落とす勢いのスーパー・アイドルだった天地真理の売り上げを超えて、僕の記憶に間違いがなければですが、オリコンで何とチャート1位を獲得する売り上げを記録することになるモンスター・アルバムになったんです。しかし僕にとっては、ピンク・フロイドはひどく退屈な音なのでした。はっきり言って、全然面白くない。そこで僕は、『狂気』を聴きながら、アルバムに封入されている日本盤ならではのゴージャスなブックレットを

暇つぶしに読んだのですが、その中からシド・バレットについての記述を発見したんです。それは一種の啓示のような重みがありました。「精神疾患によりグループを脱退した、ピンク・フロイドの創設者であり元リーダー」という意味の記述がそれです。当時、まだ十二歳だった僕は、ふとゴッホを想起しながら、「天才的な芸術家はしばしば発狂するものなのだ」などとあっさり納得して、ピンク・フロイドよりもむしろシド・バレットの方にこそ注目していかなければいけないとただちに確信したんです。そして、必然的に、彼のアルバムを無性に聴きたくなったわけで。素朴で単純でしょう？　僕はあらゆる子供たちと同様に、知的には未熟で、幼稚でした（笑）。

――いや、いいお話です（笑）。ちなみに河添さんは、1973年当時はどんな音楽に夢中だったのですか。

　ああ、1973年は、僕個人にとってはとても思い出深い覚醒の年なんです。従前よりビートルズ、ドノヴァン、T・レックス、レッド・ツェッペリン、ミッシェル・ポルナレフなどが好きだった僕に、この年、つまり僕が中学1年生になった1973年に、同じテーブルに着くとは到底思えないようなアーティストたちへのアナーキーな関心が一気に高まりました。T・レックスの前身バンドであるティラノザウルス・レックス、シルヴァーヘッド、サード・イアー・バンド、そしてシド・バレットが、マイ・フェイヴァリット・リストに新たに加わったんです。『ミュージック・ライフ』などをまるでバイブルみたいにひたすら熱心に読み耽ったりしながら、それなりにいろいろ研究して、あれやこれやと生真面目に考え込んで（笑）。

――とにかく河添さんは、ピンク・フロイドの『狂気』への不満をきっかけに、シド・バレットを聴くようになったというわけですね。

　そうです、そうです、まさしくそうなんです。そして、今から思うととても不思議なのですが、その後僕と親しくなる様々な音楽好きの友人の中には、誰一人としてピンク・フロイドのファンはいなかったんです。シド・バレットの熱心なファンはいるが、フロイドのファンはなぜか全然いなかった。同世代のロック・ファンを支配していたはずの感性的秩序を思えば、明らかに異常な環境に僕は身を置いていたと言うことができますね（笑）。でも、そのおかげで、僕は外部の言葉に惑わされることなくシド・バレットの音楽に心ゆくまで「幽閉」されることができたんだと思います。いや、正確には、僕は「彼に付き纏われることになった」と言うべきでしょうか。

　最初、子供の頃、僕はシド・バレットという名をすごく気に入りました。本名がロジャー・キース・バレットである彼は、学生時代からのあだ名であったシド・バレットを名乗ることによって、一種の非現実的なエコーが生じたんです。この世の人間の名前とは思えない。スーザン・ソンタグがジャン・ジュネについて述べたように。

——そもそもの話なのですが、河添さんはどうしてシド・バレットの音楽に「幽閉」されたのですか。

彼の最初のソロ・アルバム『マッドキャップ・ラーフス』を聴いたからです。冒頭の「カメに捧ぐ詩」の、そのよどんだ最初の一秒の音で、このアルバムのただならぬ雰囲気をただちに察知した僕は、途方もない緊張感を感じながら、今まで全く味わったことのない不思議な感触を持つ、仄暗さと甘やかさの入り乱れた錯乱のとめどなさに魅了されていました。アルバムを部分的に覆うたおやかで官能的なビート感が単に心地良かったからではありません。彼は確かに病んでいると不安には思いましたけど、彼のその病が彼自身の才能によってもたらされたかのように思われもした僕を、これまで全く知らなかった感性的領域に連れ出したような気がしたんです。でも、これについてはうまく説明ができません……。

一方、ジャケット・デザインは傑出した出来栄えでした。威圧的にではなく浸透するように瞳の奥に現れるイメージ、しかしながら、それはなぜ現れてくるのか分からないがゆえに真の脅威となっているイメージがそこにはありました。フロントにはストーム・トーガソンが、バックにはミック・ロックが、自然光の中で撮影したシドの写真が使用されていますが、両者によるイメージには意図らしき意図など全くないにもかかわらず、ほとんど非現実的と言ってもいい何かが、真正の表現として、確実に定着されています。がらんとした室内で放心するシドの様子もさることながら、シド自身によってオレンジとパープルに塗り分けられた床板、生気を欠いた花を刺した濃紺色の花瓶、その場にたまたま居合わせたという東洋系の裸体の女性などが、安物のカメラで捉えたせいで粒子の荒れたオレンジ色の光線の中にまるで絶え入るかのように沈むこれらスナップショットは、無為こそが至高の価値を成した作例のひとつとして数えることができるものだと思います。その意味において、僕はこの写真をドキュメンタリーとして見ることを拒否します。

——ピンク・フロイドの歴史的ファースト・アルバム『夜明けの口笛吹き』はどうお感じになりましたか。あのアルバムは当時グループのリーダーだったシド・バレットの主導によって制作されましたが。

僕は全然感心していません。今も昔もです。興味深い楽曲がいくつか収録されていることはもちろん認めますが、ノーマン・スミスによるプロデュースには不満を禁じえない。彼は愚かです。彼がこのアルバムを凡百のポップ・グループの柔和なサウンドに近寄せるという誤った商業主義的な配慮のもとで妥協的処理を施し、その結果、当時のバンドの破天荒と形容もできる演奏の真実には無理解なまま、それをまんまと記録し損なったことは明白です。フリクションのファースト・アルバム『軋轢』をプロデュースした坂本龍一にも認められるこうした過ちには、僕はいつもうんざりさせられます。まともなセンスもないプロデューサーは、キャリアや学歴を理由にやたら権威づいて、音楽を殺害する。

――とはいえピンク・フロイドが『夜明けの口笛吹き』をリリースした１９６７年におけるシド・バレットのプレゼンスはまさしく絶大なものでした。

そうですよね。全くその通りだと思います。それについて、今、ちょっと思い出したことがあります。20年以上前に仕事でロンドンに行った時、僕はマーク・ボランと一緒に仕事をしたことがあるという年配の親切なご夫婦とお目にかかることができ、その際一緒に日本食レストランで食事をしたことがあるのですが、その席で僕は、青春時代にピンク・フロイドのライヴをご覧になったことがありますかと何気なく尋ねると、旦那さんの方はいきなり目をきらきら輝かせて、「僕はＵＦＯクラブの常連でした。シド・バレット在籍時のピンク・フロイドのライヴなら何度も見ていますよ。あれは本当にすごかった。壮絶でした」と、嬉々として語り始めたんです。すると奥さんは横で、その話はやめましょうよとかなり不安げな表情を浮かべてしきりに制止するのですが、しかし旦那さんはお構いなしで、「当時は何もかもが完全に狂っていました。僕は他の若者たちと同様にドラッグをやりまくっていました。でも後悔はありません。シド・バレットも常時すっかり完全にラリっていましたが、でも、彼のプレイは本当に凄まじかった。忘れられません。彼が存在した１９６７年は本当に特別な年だったんです。毎日がいつも新しかったんです。そしてクラブに行けば、ピート・タウンゼントや、ジミー・ペイジや、ティラノザウルス・レックスのスティーヴ・ペレグリン・トゥックなどがいて、彼らはシドのパフォーマンスを真剣に凝視していました。僕は当時、毎日欠かさず日記を書いていましたよ。こんな時代は未来永劫二度と来ないと思ったからです。日記は今でも大切に手元に残しています。いつか、若いあなたに僕の日記を読んでもらいたい」と、その年齢には似つかわしくない猛烈に熱い口調で、僕に延々と語り続けてくれたんです。僕はうむと唸り、彼に嫉妬しました。「動く」シド・バレットと共に過ごすことができた青春時代が彼にとっていかにかけがえのないものであったかを、僕は容易に理解することができたからです。いや、嫉妬の対象になるのは彼だけではないですね。あの世代のイギリスの若者たち全員に僕は心の底から嫉妬する（笑）。後年、ジミー・ペイジは証言していますよね。シド・バレットとジミ・ヘンドリックスのギター・プレイだけは宇宙に届くような破天荒なものだったと。すべてが革新的なものだったと。

——すごい話ですねえ。

ホント、そうですよねえ。ただしそこにはイギリスならではの特殊事情が関係しているとも僕は思っているんですが。

——といいますと？

以前、ある本の中で、ヒプノシスのアートワークについて指摘したことでもありますけど、ヴォーティシズムを除けばまともな前衛などたえて存在したことのない前世紀のイギリスの文化的貧困さ、つまり後進性、反動的保守性は、独創性を追求するよりも前に、まず他国の前衛の成果を参照し、それを積極的に収奪することによって、それを覆すしかなかったわけですが、この点についてはサブ・カルチュアがアカデミズムよりもはるかに大胆に振舞うことができたんです。お茶、ガーデニング、マナーと同じく、革命の代用品として、ファッションやお金と結びつきながら。オノ・ヨーコはかつて、ビートルズは前衛の数歩手前で時代を牽引したのだと述べたことがありますが、その通りだと僕は思います。ただし、誤解して頂きたくはないのですが、ビートルズやシド・バレットを批判するつもりなど僕には毛頭ありません。ここで強調しておきたいのは、前衛はもとより彼らの数歩先に存在するべき存在だったが、実はそれ自身に宿命づけられていた死滅に長らく呻吟していました。サブ・カルチュアは不在の前衛を代理しつつ、前衛の不可能な夢を垣間見させる存在として振舞うことになったんです。

——つまりシド・バレットはアヴァンギャルドな存在ではなかったと河添さんは見做しているのですか。

そうです。彼が在籍していた時代のピンク・フロイドを、たとえばＡＭＭのフリー・インプロヴィゼーションと関係づけてみせる奴なんか、もっともらしいウソを平然と撒き散らす、ただの骨董屋にすぎません。

——シド・バレットのセカンド・アルバムについてはどうお考えになりますか。

『バレット』ですね。もちろん不快なアルバムではありません。いくつもいい曲があります。ジャケットもそれなりにいいですよね。フロントを飾るシド自身の見事なドゥローイングには驚かされますし、バックのミック・ロックによるポートレイト写真にも興味深い発見があります。ただし、前作『マッドキャップ・ラーフス』とは劣る内容です。プロデュースを担当したデイヴ・ギルモアは、彼への親愛と同情の念が災いし、シドの狂気を隠蔽するかのような操作を随所で繰り広げ、全体の印象を柔和なものにしました。『マッドキャップ・ラーフス』において忘れがたい、錯乱の剥き出しのドキュメンタリーと化した一部の音像の採用を決めたロジャー・ウォータースの態度に対し、それはあまりにも露骨すぎて残酷だという理由でデイヴ・ギルモアは反発したからなんですが、その気持ちはもちろん分かるけど、しかし彼は過ちを犯したと僕は思っています。『バレット』はもっと優れたアルバムになるはずだったんですよ、本当は。シド・バレットを見舞った悲劇的真実を介して現れた楽想には、別の慎重なアプローチがプロデューサー側に求められてしかるべきだった。

――ヒプノシスは『マッドキャップ・ラーフス』と『バレット』をカップリングした2枚組LPのためにも仕事をしていますね。

あれは極めて秀逸なデザインでしたね。ヒプノシスにあって、遠ざかるものとしてしかここにとどまりえないむなしい存在、あるいは理不尽な世界に放擲された孤独な実存といった主題は、シド・バレットによってひときわ内面化された表現をもたらしているんです。

――ヒプノシスのストーム・トーガソンとシド・バレットはケンブリッジ時代からの友人同士です。

そうですね。でも、そういうパーソナルな人間関係によってもなお芸術表現の死活に関わる客観性を断ち切らないヒプノシスの冷徹な仕事ぶりは、さすがだと思います。デイヴ・ギルモアよりもずっと正常かな（笑）。

――ミック・ロックによる数多くのシド・バレットのポートレイト写真がありますが、それらについて思うところはありますか。

率直に言えば、それらは全部、明らかにど素人によるただのスナップショットですが、でも彼はとてもいい仕事をしたと僕は断言したい。特にカラー写真は突出しています。シドの目に黒いアイシャドウを施したことを除けば一切演出のないこれらを前にして、僕たちが受ける印象はまずは混乱に満ちた静寂と倦怠ばかりです。だけど、それだけではなく、細部を検討すれば様々な発見があるんです。ご存じのように、ミック・ロックはその後、デヴィッド・ボウイや、クイーンや、イギー・ポップや、ルー・リードなどを精力的に撮影したことにより、いわゆるプロフェッショナルなロック・フォトグラファーとしての地位を確立することになりますけど、僕に言わせれば、彼の仕事の白眉はシド・バレットのポートレイトに尽きます。

彼はそれ以前からシドの大変近しい友人でしたが、音楽家ではなかった。それがシドをリラックスさせたのでしょう。実際、シドが故郷のケンブリッジに帰るその直前に会い、レストランで一緒に食事をした相手はミック・ロックでした。彼はシドの不幸はもちろん理解していましたが、一方ではシドのことを、育ちが良く、暇を持て余し、機知に富んだ言葉を口にもする愛すべき剽軽者のボヘミアンだとも考えている節がありました。そしてさらに言えば、ミック・ロックはシドをヴェルレーヌやランボーなどの詩人になぞらえることを好み、未だ彼のアーカイヴから発掘されていないことが残念でなりませんが、シドが鏡の中から飛び出すシークエンスを含んだコクトー風の8ミリ映像までこしらえました。彼にとって、シドは文学の啓示そのものだったんです。

そんなシドを、彼がシーンからいなくなった後もミック・ロックはずっと探し求め、そうして出会ったのがシドの大ファンであるボウイでした。ミック・ロックにとって、ボウイは「次世代のシド・バレット」だったんです。そしてボウイは、憧れのシド・バレットを友人という立場で活写したミック・ロックに素朴な尊敬の念を抱いたんです。

――シド・バレットがもたらした影響についてはどうお考えになりますか。

影響？　人は影響関係について言及することをやたら好む傾向にありますが、それは事実を見誤ります。ロック・ミュージック史において、語の正確な意味において影響力を揮ったのはビートルズ、ヴェルヴェット・アンダーグラウンド、セックス・ピストルズだけであって、それ以外のバンドやアーティストはむしろわれわれの霊感の源泉にとどまっていると言うべきではないでしょうか。でも、それでいいんです。あのような内容であったにもかかわらず、シドのソロ作が一度も廃盤になったことがないという事実には驚かされますが、ですがそれは、世代を超えて人が常にシド・バレットにインスパイアされ続けてきたことの純粋な証になっている。「愛着」というかたちで、ずっと、そしてある意味かすかにではあっても、彼はかけがえのない存在として語り継がれ、その名はたゆみなく継承されていきました。T・レックスのマーク・ボランが、晩年に、実にアホな戯言を友人に口にしています。「今、公衆便所に行ったら、シド・バレットがおしっこをしていたんだよ。僕は彼のおちんちんを見ちゃった！」などと（笑）。いずれにせよ、シド・バレットの名はそんな風にも語られながら、常にすでに、歴史の中に残ったんです。

――マーク・ボランはシド・バレットの大ファンだったと言われていますね。

それはその通りです。ティラノザウルス・レックスを結成した直後、彼が従前のモッズ・ヘアからコークスキュルーなそれに一変させたのは、当時のヤードバーズのジミー・ペイジがそうであったように、シド・バレットを意識してのことでした。「自国にいながら異国にいる」というのが、シドによって感化された彼らの人生の、反時代的なライトモティーフでした。

ただし、マーク・ボランの場合は、他の人とは違い、いささか特殊ですよね。彼の奥さんになるジューン・チャイルドが、もともとブラックヒル・エンタープライズに所属する社員で、初期ピンク・フロイドならびにソロになってからのシド・バレットのマネージメント業務に携わっていました。一時期彼女はシドとデートする関係にまでなったそうですけど。そんな彼女からマーク・ボランはシドをめぐる様々なトリヴィアを入手し、それを自分の「神話性」を高めるために役立てようともくろんでいた可能性はあります。ええ、あいつはそんな奴なんですよ、所詮。こんなことは言いたくないけれど（笑）。

ともあれ僕は、シド・バレットの作品は、これからも愛着の対象として聴かれ続けるだろうと頑なに信じています。そして、僕は声を大にして言いたいです。若い頃にシド・バレットを聴けば、彼は君の人生にずっと付き纏うことになる。なぜなら彼は、君がどこにいようと移動して、君の人生に常に関わり、そしてそういう風にどこにでも偏在する人なのだからと。

――そんなシド・バレットをめぐっては、この二十年だけでも様々な文献がイギリスから出版されています。

そうですね。ただし僕は、そのほとんどがバイオグラフィであり、言わば不毛なトリヴィアの数を競い合うだけの批評なき文献であるからこそ、それらの間には十分に書かれているかそうでないかという量的差異しかないと思ってバカにしています。彼をめぐってはこれまで多くのことがさんざん語られているにもかかわらず、結局は同じことばかりが確認されるにすぎないビュロクラシー的硬直さと、細部の確認にとどまるばかりで実りのない、言わばパパラッチ的追跡に終始するそうした文献に対しては、今の僕は興味が持てません。

――確かにシド・バレットはビートルズとは違い、多様な視点から豊かに語られることがないアーティストですね。

そうですね、うーん。……確かに嘆かわしい事態なのであり、そうなってしまっている理由について僕は時々考え込むことがあるんですが、それはきっと、我々が判断材料とするべき彼の作品の数があまりにも乏しいからではないんだと思うんですよね……。

――彼の未発表集『オペル』が1988年に唐突にリリースされ、世界中のファンを思い切り喜ばせましたが。

ああ、『オペル』ですね。あれがリリースされた当時、実に滑稽な噂が日本の音楽ジャーナリズムの間でまことしやかに蔓延したんです。「シド・バレットは遂に病を克服し、音楽界に復活する」と。僕は失笑しました。実にバカバカしい、とんでもないホラ話ですよ。ケヴィン・エアーズもその噂話のことは知っていて、うんざりしていた（笑）。

——ケヴィン・エアーズといえば、再発されたアルバム『おもちゃの悦び』で収録されていた、印象的なボーナス・トラックがありました。シド・バレットとの共演を記録した「リリジャス・エクスペリエンス」です。シドはそこで、鋭角的なギター・プレイを披露していて……。

要は、批評には到達しえない不毛なネタが、なおわれわれに時々提供されているということですね。スティーヴ・ペレグリン・トゥックの楽曲「シドのワイン」のレコーディングに彼が参加しているとか、近年奇跡的に発見された、伝説のスターズの前身バンドに当たるザ・ラスト・ミニット・プット・トゥギャザー・ブギー・バンドの音源だとか、「ボブ・ディラン・ブルース」とか。そして、近年、ピンク・フロイドのニック・メイソンなどは、シド・バレット在籍時のフロイドの最初の二枚のアルバムを、多くの未発表ヴァージョンと一緒にカップリングして、シド・バレットのレガシーをさらにいっそう明らかなものにしたいと語ったことがありますが、でも、それが実現したところで、そこからどんな実り豊かな批評が生まれるのかは僕にはやっぱり分らないんです。全然分からない。どうなんでしょうねえ。シャトーブリアンが『墓の彼方からの回想』の中で書いているように、「これからのことは僕には関係ありません。みなさん、どうぞご自由に！」と、シドならそんなことを霊界から言うかもしれませんけどね。自分への無関心ゆえの棄権というかたちで。

——ただし、いずれにしても河添さんは、何とかしてシド・バレットを「批評」の対象として語りたいという真剣な思いがあるのではないですか。

僕は、ある親しい編集者の方から、ここ数年ほどとてもおかしなことを言われ続けているんです。「あなたの渾身のシド・バレット論を、文芸誌『海』でぜひ読んでみたい」と。中央公論社から出ていたあの『海』は、ご存じとは思いますが、１９８４年に惜しまれつつ終刊となり、現在は存在しない文芸誌です。ということは、つまり彼はくだらないジョークを僕に飛ばしているだけなのか。ところが僕はそうは思わない。シド・バレットをめぐる議論はこの世には存在しない場所でのみ存在可能なのだと彼は主張している。そんな風に僕は、彼の軽口を言わば「ニヒリスティック」なものとして勝手に解釈しているんです。ただし僕は、自分の解釈が仮に正しいとすればですが、そうした軽口を、たとえば「批評は敗北する」などといったような、今となってはひどく古臭く滑稽な、知性主義を装った反知性主義に他ならない、１９８０年代風のポスト・モダン的アイロニーにすぎないものとして退けます。だけど、そんな時代に彼を再発見した人がいっぱいいたのは、彼らが80年代文化を徹底的に嫌悪していたからです。

さらに図々しく個人的な話をさせてください。かつて僕は、従来のマーク・ボラン批評の恐るべき貧困さに呆れ果て、「起き上がるダイナソー」というタイトルのティラノザウルス・レックス論を書いたことがあります（『文藝別冊　T・レックス』所収、河出書房新社、２０１８年）。日本では無論、イギリスでもこれまで全く存在しなかった新たな批評的視点が、ティラノザウルス・レックスの特異性を救済する試みとなった僕のこの画期的（笑）テキストは、マーク・ボランと聞けばただちにグラム・ロックを思い出さないと気がすまないような、愚かで単純な音楽ファンへの手厳しい反撃となりました。しかし僕自身は、それと同じような評論をシド・バレットについて書ける確信はありません。なぜでしょう。シド・バレットは歴史に結ばれた風景のように語ることができて、彼が華々しいものであろうと悲劇的なものであろうと、当の歴史との関係によって個別化し、はっきりと見えてきさえする存在であることは明白なのですが。

仮に心理学者や精神分析医によるシド・バレットへのアプローチがあったとしても、そこから何がしかの有意義な言論を引き出すことはできないでしょう。狂気とドラッグがもたらした、彼の並外れた蕩尽のポトラッチは、なお僕たちに沈黙を強いてしまうんです。ただし、その沈黙の下に目覚めるものを、僕たちはそろそろ発見しなければならない。この本がその良いきっかけになるといいですね。

なお、彼の妹さんであるローズマリーは違います。兄の音楽は全部ジョークだったと今も懸命に主張している。つまり彼女はそう信じたいのですね。兄が画家を職業に選択していれば絶対にこんな風にはならなかったと自分にしきりに言い聞かせているんです。滑稽ですよね。もちろん彼女の立場には同情しますが。彼女はある時、フランス人の精神科医からシドの現在について尋ねられた際、「兄は今でも私の目を盗んでドラッグに手を出そうとするような人間なんです」と、あられもなく泣きながら語ったんです。

――美術評論家でもある河添さんの目には、シド・バレットの絵画はどう映りますか。

学生時代の彼の絵画にはいわゆる決まったスタイルというものがなくて、驚くほど多様なニュアンスを伴った様々な表現が自由自在に模索されていましたね。そこでは、ひとりの人間から生ずるとは到底思えないような、いくつもの異なる可能性の展開を確認することができます。彼は明らかに、画家としての才能はありました。もしも大学でまともなトレーニングを重ねていけば、彼は画家として大成できたかもしれない。都市伝説なのかどうなのかは知りませんが、生前のデヴィッド・ボウイは学生時代のシドの絵画をせっせと買い集めていたという噂がありますよ。

ただし、ケンブリッジで隠遁生活を開始してからのシドが描き始め、完成するつど破棄したと言われている後年の風景画は、彼が芸術家としてもはやいかに衰えてしまっているのかをまざまざと証していますが、その原因は説明するまでもなく明らかです。彼は自己嫌悪に陥っていたかもしれません。さらに言えば、彼は趣味の絵画を通じてすら生きる喜びを経験していなかったんだと思うんです。

べらべらと喋り続けて申し訳ありません。でも、最後にひとつ、指摘させてください。シド・バレットは生涯に一度だけ展覧会をしたことがあるんです。１９６４年に、友人のアンソニー・スターンに請われ、二人展というかたちで。しかし、スターンの回想によれば、シドを巻き込むことはとても大変だったそうなんです。自分の絵を他人に見せるのは絶対にイヤだと、シドは最初は散々ごねたそうなんです。つまり彼にはもともと自己顕示欲はなかった。だからピンク・フロイドのポップ・スターにもなりたくなかった。彼はストリッパーではなかった。彼は自分自身の愉しみにのみ忠実で隷従的な趣味人としての静穏な暮らしを維持しながら、社会からそっと離れていくための理想的な隠遁生活のすべを、最終的には「不本意な仕方で」選択したんだと思います。それが彼の苦痛でしたし、僕たちの悲しみや不満にもなりました。

（かわそえ・つよし／美術／音楽評論）

CROSS TALK /

YOU ISHIHARA × MASATO MATSUMURA

対談　石原洋 × 松村正人

PART 2

（p56より）

松村　ボウイがクリエイターでないとしたら、なんですか。歌手？

石原　目利き。でもある時期までは好きですよ。

松村　わかります。

石原　メジャーな人のなかではだんとつで時代の先端に食いつくのが早い。マーク・ボランにはそういう才覚はなかった。

「事前情報が価値をもってしまった現代にはつくられないもの」（石原）

でもシド・バレットの音楽と同じくらい奇妙な音楽がティラノサウルス・レックスだと思うんですよね。あれも不思議な音で、あのころは中近東的な旋律をとりいれるバンドはいっぱいありましたが、それらとも全然ちがうんですよね。たぶん中村とうようだったと思うんだけど、ティラノサウルスのサウンドには汎ヨーロッパ的な時代の記憶が残っているのではないか、というようなことを当時いっていたんですね。汎ヨーロッパ——分裂する以前のヨーロッパの記憶といわれて、すごくしっくりきた憶えがあります。一方でシド・バレットは純イギリス的。その差はありますが、イギリスのミュージシャンでは、僕にとって、ほかに較べる対象のいないふたりです。

バレット受容史

石原　せっかくなので今回は、シド・バレットが当時日本でどう受けとめられたか、ということも考えたいんです。これをみてください。

（「ニュー・ミュージックマガジン」1970年7月号、1971年4月号をとりだし、ページをめくる）

石原　これがファースト『幽幻の世界』が出たとき。日本で半年遅れぐらいで出たときに雑誌でとりあげているんです。

松村　「ニュー・ミュージック・マガジン」は当時から巻末で点つけ（アルバムを採点すること）をしていて、『幽幻の世界』は朝妻一郎さんの採点で83点ですね。「ジョン・セバスチャンの音楽に一脈通じる」とあります。

石原　それはほーっと思いました。いまそんなこと、誰もいわない（笑）。71年4月号にはセカンドが載っていて90点ですね。

松村　思った以上に高評価ですね。「ピンク・フロイドのようではない」と大森庸雄さんが指摘されています。ケヴィン・エアーズも同じ号に載っていますね。

石原　そうなんですよ、「今月の新譜紹介」でケヴィンの『月に撃つ』ですね。あとストゥージズ『ファン・ハウス』、ジャニス・ジョプリン『パール』、デレク&ドミノス『いとしのレイラ』とかね。

松村　当時はラジオＤＪの方が文章を書かれることが多かった等、いろいろなことが読みとれる資料ですが、評価は総じては低くないですね。

石原　『原子心母』が出るか出ないかの時期なので、日本ではフロイドがブレイクする前なんですね。ということはピンク・フロイド〜原子心母〜ロックの新しいトレンドであるプログレッシヴ・ロックの創始者、または狂気の淵に落ちた天才との観点から評価されているわけではないということです。当たり前ですが70年における現役のアーティストの新作に対しての評論です。また横の広がりをふまえると、リアルに時代感をふくめてわかる気がします。それとこれです。

（レコードジャケット大の用紙をカバンからとりだす）

松村　『幽幻の世界』の日本盤ライナーノーツですか。枡田たけむねさんが書かれています。

石原　この方はたしかＴＢＳかどこかの局のディレクターの方ですが、驚くのは、最近ではニューロックとかいって電子音やモーグ・シンサイザーなどをとりいれて新しい音をつくろうとしているが、それでは音の改革にはならない――という箇所です。それに対してこのシド・バレットの作品は「新しい創造への予感を感じさせる」と書かれているんですね。

松村　たしか枡田さんは『マクドナルド・アンド・ジャイルズ』（１９７１年）の日本盤のライナーも書かれていて、ピンク・フロイドを例証していたはずです。サイケデリックな音楽を「フリークアウト」と呼ぶよう提唱されていたのを、自著でとりあげようとして、うまくまとまらず、見送った憶えがあります。

石原　『幽幻の世界』でも「ここで聴かれるのはリズムと詩の関係のみといってもいい」とまで言い切っている。そんなことをいったひとは当時、ほかにはいないだろうなと思いますし、リアルタイムで作品に真剣に向き合っていた証拠だと思うんですね。手垢のつく前ですから。

松村　手垢がつくというのは、どこからそうなったとお考えですか。

石原　『炎』のときにスタジオにシド・バレットが来て、だれだかわからなかった、というエピソードがありますよね。あの報道のあたりからじゃないですか。それによりシド・バレットはパンク、ニューウェイヴの時代も、オールドウェイヴ的な扱いを受けず、生き延びたとは思います。一方、その「不在」は巨大な伝説を生んでいった。今回の映画もそれを増長させる部分があるんだけど、シドがスタジオに現れたことがほんとうだったとしても、ほんとうだからこそ、色眼鏡を通してみるようになってしまう。仕方がないですけどね。そこは60年代にはじまったジミヘンやドアーズやジャニスといったロックの悲劇的な伝説のひとつということではないでしょうか。その後、イアン・カーティスなどもいますが。

松村　カート・コベインもそうですね。むしろシド・バレットはジミヘンやジャニスより先に伝説になり、カート・コベインの後まで生き残った、最初期にして最後の伝説なのかもしれません。

歴史化するバレット

松村　パンクの時期以降、80年代なかばにサイケのリヴァイヴァルが来ます。そのときのシドの存在について憶えていらっしゃいますか。

石原　当時のアメリカやイギリスのネオサイケと呼ばれる人たちのサウンドはそれほど真面目に聴いていないんですよね。やっぱりサウンドがちがいますよ。デビュー当初のＲＥＭやドリーム・シンジケートなどはバッファロー・スプリングフィールドやグレイトフル・デッドみたいなサウンドにパンクの要素を少しだけミックスする感じでしたが、イギリス勢は何十年経っても『不思議の国のアリス』や『サージェント・ペパーズ』なのかという感じの、それが伝統なんだろうなっていう印象です。

松村　ＸＴＣの変名バンド、デュークス・オブ・ストラトスフィアにもフロイドへのオマージュはありますよね。

石原　『夜明けの口笛吹き』のシドはスタイルとして残りやすいものだし、とくにイギリスの伝統というのもあるし、今後も残っていくものだと思います。ただシドのソロ・アルバムみたいなのはたぶん、音楽そのものよりも事前情報のほうが価値をもってしまった現代のような時代にはつくられないものなんじゃないでしょうか。

松村　80年代後半あたりにたとえば「ナゲッツ」的なガレージ、アシッド・パンク的なものの掘り返しがあり、石原さんが主導された部分もあるでしょうが、あのなかで本当に情報としてわからないひとたちのすごさみたいなのがあったじゃないですか。ああいうものとシド・バレットの比較は成立すると思いますか。

石原　そこには運が作用しますからね。

幸運にもメジャーから作品を出せたものと才能がありながら出せなかったもの。ただ、残されたものを発掘して聴くのは価値ある行為だと思います。それをちゃんと歴史的に検証できる人がいれば、さらに面白いんじゃないかなと。

松村　石原さんにとってシド・バレットの音楽の位置づけは昔といまとどう変わりましたか。

石原　今回ひさしぶりに『幽幻の世界』『バレット』『オペル』とシドの3枚を聴いたんですよ。ほとんどの曲は口ずさめるのが、われながら驚いたというか、よほど聴きこんでいたんだな、というのがいまになってわかりました（笑）。若いころにこれがなにかというのを、知ろうとして短期間に集中的に聴いたのだと思うんですよ。

松村　ほかにそういうパターンで何回も聴いた作品はありますか？

石原　プロデュースする側になったときにアレンジとかを考えて聴いたものとかはいくつかあるけど、自分では……やっぱり有名なところではヴェルヴェットと、あとはオンリー・ワンズですね。まあほかにもありますけど。

松村　ピーター・ペレットとシドに共通点はありますか。

石原　ディランに影響を受けたイギリス人という感じはしますけどね。

松村　舶来ものとしてディランに影響を受けるのと国内ものとして憧れるのはまたちがう気がします。

石原　アメリカでディランの影響を受けた人ってほぼディランじゃないですか（笑）。

松村　バレットやペレットにはディランにたいする舶来品というか輸入品としてみる眼はないですか。英語圏という利点はありますが。この観点を敷衍すると、わが国における受容や解釈の特異さにいきつく気もします。シドもタイニー・ティムもサイケだという観点ですね。これは聴き方に影響しないでしょうか。

石原　その感覚はそれこそ70年代末東京の吉祥寺マイナーあたりからモダーンミュージックに流れていくサイケデリックの独特な解釈ですよね。ティム・バックリー、タイニー・ティム、ピーター・アイヴァースなども。そのうちのいくつかはその後、再評価されましたが、ティム・バックリーについては発売当時の日本ではアシッド・フォークなどという言葉もなかったでしょうし、そのように捉えられてもいなかったと思うんです。

松村　あいだにあるのは物理的、心理的距離感でしょうか。

石原　ライヴを見ることもできないので、レコード盤を聴いて解釈し、これはふつうのシンガー・ソングライターではない、じゃあいったいなんなのかという考察を、70年代にだれかがはじめて、徐々に広がっていった感じはしますね。

松村　シド・バレットは題材としてもうってつけだと思います。距離があり、二度とナマで聴くこともかなわない。狂気におちいったというようなトピックも豊富です。そういう潮流のなかでで存在感が増幅していった側面はないですか。

石原　ただシド・バレットはティム・バックリーやタイニー・ティムに比べるとその時点でもはるかに有名だったし知られていました。それでも、そういう感覚を持った人は、シド・バレットみたいなものを求めてレコードを漁り買って聴いて「これはちがう」ということを、70年代からひたすら繰り返していたんです。

松村　「これだ」というものはなさそうな気もしますが。

石原　ないですよ。ただ、その過程で「これは別の意味でいい」というものが偶然みつかることがあるんです。

松村　サイモン・フィンなどを第二のシド的な言い方をする風潮があったじゃないですか。あれもまたちがうと思いました。

石原　僕もまったくちがうと思う。ニック・ドレイクもちがうと思うし、だからそれはもうほんとうに十把一絡げに暗くてボソボソ歌っていれば、アシッド・フォークなのか、非業の死を遂げたら天才なのかとかそういうことになるじゃないですか。

松村　それも乱暴だと思いますが。

石原　そうだけど(笑)。でもなんでも「これ暗いですね」「深淵ですね」みたいな感覚もちょっとちがうと思いますね。そもそもシド・バレットは暗くないし、感性は突き抜けているんですよ。メソメソした中途半端な私性とは無縁です。今回シド・バレットをまとめて聴き直していちばん思ったのは、言葉が淀みなく出てくる人だということです。未発表曲にはほとんどワンコードで延々としゃべるだけのような曲もあるじゃないですか。ラップができるんじゃないかなっていうぐらい、言葉がずっとあふれている。

松村　「バイク」なんか意味よりも韻ですものね。

石原　そのうえまったく暗くない、メッセージ性もないとはいえないけど取り立てて強調されることもない。そして単純な怒りもない。ただ言葉だけがある。言葉があふれると、感情が突出して出てくるものだけど、それもあまり感じられない。ほかではあまりない音楽ですよね。

松村　かといって完全に無意味かといえば、そうではないし、うっすらと文学性はあっても文学的すぎない。

石原　そうすると似たものがなくなるんですよね。だって、アシッド・フォークといって、あんなにずっとワンコードでしゃべっているような曲とかないでしょ。

松村　ないですね。

石原　テキサスの彼はどうですか。

松村　ロッキー・エリクソン?

石原　いやいや、同じようなレコードを山ほど出してる人。
松村　ダニエル・ジョンストン？
石原　いや、父親が息子のレコードを出しているんです。
松村　ダニエル・ジョンストンもそうですよね。
石原　あっあれです、ヤンデック（ジャンデック）。モダーンミュージックにいたとき、お店で生悦住（英夫）さんがたまたま1枚入荷したヤンデックを発見して、ジャケットに載っていた住所に手紙を書いて大量に仕入れていたんですけど、突然日本から注文がきたもので、息子が日本で評価されていると父親が大喜びしてました。モダーンには当時ヤンデックのコーナーもあって、けっこう売れましたね。
松村　父親といえば、父親が娘たちにバンドを組ませたシャッグスなどもサイケに分類していた時期がありましたよね。聴く側の意識を変革するものとしてのサイケという考え方ですね。
石原　たしかに聴く側の問題ですよね。リスナーの解釈と受け取った部分のちがいによって、サイケか否か腑分けされていて、語義として深い意味があったかといえば、サイケという言葉ではなくともよかったともいえる。日本における特殊な受容史といった感じです。
松村　はからずもサイケが意識の拡張を謳った結果かもしれません。ジャズはなんでもありなんだからジャズだと思えば、ジャズなんだという考え方の陥穽ですね。

ハーヴェストの収穫

石原　ロックも同じだと思うし、サード・イアー・バンドがロックかどうかっていうのは出た当時のライナーノーツにも「これでもＲＯＣＫ」という見出しがありました。ハーヴェストから出た新しい形態のロックだといわれたら、そう考えますよね。
松村　ピンク・フロイドなんてハーヴェストの代表格じゃないですか。
石原　ピンク・フロイドとディープ・パープルが売れたお陰でサード・イアー・バンドみたいなレコードも出せたのかもね。
松村　ハーヴェストのカタログの多様性は大きな意味があると思いますが。
石原　ありますよね。ロックがビジネスになりはじめたころ、ハーヴェストはＥＭＩのサブレーベルでしたね。売れるかわからないけど、ピンク・フロイドも売れたし――という感じで、決してコマーシャルな音ではない、海のものとも山のものともつかない無名の若いバンドを育てようという機運を醸成するきっかけになったと思うんですね。フィリップス傘下のヴァーティゴもそうですね。少しあとのヴァージンとか。業界自体にまだ体力があったのも、そのような機運につながった理由だと思う。当時東芝なんて、カンやアモン・デュールも出していましたから。無謀にもサード・イアー・バンドのシングル盤をカットしたのは日本だけです。

松村　それがメディアや批評の進歩を促したのは、これまで見てきたところです。ヴァーティゴやハーヴェストで思いだしましたが、2000年代初頭のクラブミュージックの潮流にディスコ・ダブやバリアリックというものがあって、ホークウインドなどがリヴァイヴァルしたことがあったんですね。ちょうどそのころ雑誌の取材でDJの瀧見憲司さんにお話をうかがっていたとき、それらの総称として「ハーヴェスト感」という結論にいたりました。

石原　メジャーすぎず、マイナーすぎない——それこそケヴィン・エアーズや『モア』のころのピンク・フロイドは、のちのバレアリック発祥のイビサ島と繋がりがないわけではない。70年代初期にはイビサはヒッピーの聖地だったわけで、ケヴィンはイビサに住んでたし、映画『モア』の舞台はイビサですね。

松村　そしてハードすぎず、プログレッシヴすぎない。それとクロスオーヴァー感です。そこからいうと、レコード産業の混乱と拡大と成熟がありつつ、さまざまな条件のなかで聴き方の多様性が生まれていった。ピンク・フロイドはその源流であり、シド・バレットは星みたいなものだったのかもしれない。

石原　徒花ではないとは思いますが、ただやはり、できれば情報をここまで入れる前に、たとえば若いリスナーがまっさらな状態で聴いてどう受けとめるかというのは興味ありますよね。いまの時代、どんなマイナーな情報でもすべて開陳されていてだれでもすぐ手の届くところにあるから、そんなことはもう無理かもしれない。そのことはわれわれの眼からみるとある意味不幸だとも思う。一方で、時間が経つにつれ、伝説が剥がされてあからさまになっていくと、今回の映画もそうですが、知らなかったことがあきらかになっていく。でもたとえ当事者が事実を語るとしても、あまりに古い記憶だと思い違いや年月を経るうちに自分の中で書き換えられていることもあるかもしれない。

松村　結局その揺らぎのなかで、私たちは作品と歴史とつきあっていくしかないということかもしれないですね。

（いしはら・よう　ミュージシャン／音楽プロデューサー）

（2024年4月17日　boidにて）

Biographical Dictionary

人名辞典

Illustration : Kinuko Matsumura

〈凡例〉
映画『シド・バレット　独りぼっちの狂気』の出演者および関連する人物を抜粋し、アルファベット順に並べた。物故者については生没年を記した。情報はすべて2024年5月時点のものによる

セドリック・ビクスラー＝ザヴァラ
Bixler-Zavala, Cedric

１９７４年生まれのアメリカの音楽家。メキシコにルーツをもつ両親のもと、カリフォルニア州サンマテオに生まれ、20歳のときアット・ザ・ドライヴインをエルパソで結成。バンドはオマー・ロドリゲス・ロペスの途中参加を得て、『イン・カジノ・アウト』『リレーションシップ・オブ・コマンド』とつづく、ハイテンションな作風とパフォーマンスで評判をとるが、２００１年に活動休止に。セドリックはオマーとともにマーズ・ヴォルタを新たにたちあげ、エモ～スクリーモを土台に折衷的な音楽性を展開。２作目『フランシス・ザ・ミュート』（２００５年）であらわになる大作志向、複雑な楽曲構成は70年代のプログレとの親和性を指摘されることもしばしば。都合６枚のアルバムをリリースするものの、２０１３年にセドリックが脱退。本編の映像はこの時期のものと思われる。作中で「シドはパンクの元祖」と発言。また「いまのピンク・フロイドが好きであってほしい」とも。現在は復活したマーズ・ヴォルタで新作をひっさげ活動中。

マーク・ボラン
Bolan, Marc
(1947 - 1977)

１９４７年生まれ、ロンドン出身のシンガー・ソングライター、ギタリスト、詩人。65年にマーク・ボラン名義の「ザ・ウィザード」でデビュー後、ジョンズ・チルドレンをへて、67年にスティーヴ・トゥックとのフォークデュオ、ティラノサウルス・レックスとして活動を開始。同年には、彼のヒーローであるシド・バレットをマネジメントしているという理由でジェナーらが経営するブラックヒルと契約、同社勤務のシドの元マネージャー、ジューン・エレン・チャイルドと70年に結婚。そのころにはユニットの相棒はミッキー・フィンにチェンジし、グループ名もT・レックスと約まり、電化もあいまって「ライド・ザ・ホワイト・スワン」がヒット。翌年の『電気の武者（Electric Warrior）』から『スライダー』『タ

ンクス』とトニー・ヴィスコンティの特徴的な音づくりを活かしたバンドサウンドでグラムロックの一大潮流をまきおこすも74年にブームは急速に終息。ブラックミュージックに舵を切った『ズィンク・アロイと朝焼けの仮面ライダー』はじめ、特異さはその後むしろきわまりつつあったが、77年9月16日、後期の音楽的なパートナーで愛人関係にあったグロリア・ジョーンズの運転する車に同乗中に事故に遭い死亡。30歳の誕生日の2週間前だった。

デヴィッド・ボウイ
Bowie, David
(1947 - 2016)

ロンドン出身の歌手、シンガー・ソングライター、俳優。グラムロックのアイコンにして、トニー・ヴィスコンティ、ブライアン・イーノら著名な制作者、山本寛斎や大島渚ら本邦のデザイナーや映画監督との共同作業で20世紀を代表するロックミュージシャンとなったデヴィッド・ボウイは米国のファッション誌「ヴァニティ・フェア」の２００３年11月号で、取材者の求めに応じ、彼のレコードコレクションから25枚のアルバムを選ぶことに同意しつつも、セレクトにあたっては『サージェント・ペパーズ』やニルヴァーナのアルバムのようなあまりに有名な作品はのぞき、ジャンル無用、無作為に選ぶとクギをさしている。結果ボウイが選出した25枚はラスト・ポエッツの『ザ・ラスト・ポエッツ』、ロバート・ワイアットの82年の12インチ「シップビルディング」にはじまり、ライヒ「18人の音楽家のための音楽」、ヴェルヴェッツのバナナ、ＪＢ、インクレディブル・ストリング・バンド、グレン・ブランカ、ジョージ・クラム、ファッグス、ハリー・パーチ——と、名前だけでご飯何杯もいけそうな作品ばかりで唸らされたが、ぶっきらぼうなようでいて絶妙な目利き感とバランス感覚のゆきとどいたリストに、そこだけ地金があらわれたような一隅があった。

　シド・バレットの『幽幻の世界』である。この作品を25枚のうちの1枚に選んだ理由について、ボウイはシドこそがピンク・フロイドであり、私にとっての本作のハイライトは「ダーク・グローブ」なのだと述べている。『ヒーザン』や『リアリティ』といった旧世紀から継続する充実期をすごしつつ、２００４年の緊急入院で、活動が間遠になる直前の記事ではあったが、むろんボウイがシドに言及するのはこれが最初でも最後でもなかった。１９７３年のカヴァー作『ピンナップス』では「シー・エミリー・プレイ」をとりあげ、自身のカーリーヘアの霊源ともなったというシドへの憧憬を隠さなかったばかりか、印税収入で傾きつつあったシドの暮らしを支えもした。シドが他界した２００６年7月7日にも「60年代にＵＦＯやマーキー・クラブで彼のパフォーマンスをなんどか目にしたことは、僕の心に永遠に刻まれるだろう」と哀悼の意をしめしている。奇しくも同年5月、デヴィッド・ギルモアの「オン・アン・アイランド・ツアー」の一環としてロイヤル・アルバート・ホールで開催したコンサートにゲスト出演し「アーノルド・レイン」を披露した直後だった。

ジョー・ボイド
Boyd, Joe

１９４２年、ボストン出身のレコードプロデューサー。１９６４年、エレクトラ・レコードのロンドン支社設立のために来英。66年12月23日に、ピンク・フロイドとソフト・マシーンを招き、トッテナム・コート・ロードでジョン・ホッピー・ホプキンズと「ＵＦＯナイト・トリッパー」をスタートし、これがのちのＵＦＯクラブとなる。同年、ピーター・ホワイトヘッドが映画『Tonite Let's All Make Love In London』への出演とひきかえに録音費用をもつことに同意したため、ピンク・フロイドのレコーディングにたちあい「アーノルド・レイン」をプロデュース。当初、自社（エレクトラ）から出す予定がマネジメントがＥＭＩと契約したことでフロイドから離れることに。同時に、ＵＦＯも会場を移す計画がもちあがったが、共同運営者のジョン・ホプキンズが大麻所持で収監、ＵＦＯは67年10月に終焉を迎えた。プロデューサーとしてほかにニック・ドレイク、ヴァシュティ・バニヤン、インクレディブル・ストリング・バンド、フェアポート・コンヴェンション、ＲＥＭなども手がけた。

ローズマリー・ブリーン
Breen, Rosemary

実妹。兄姉でいちばんの仲良しだった。１９８２年、印税が底を突き、破産状態に陥ったシドがロンドンからケンブリッジの実家まで徒歩で帰り着いて以来、およそ四半世紀にわたってケアにつとめた。帰郷後のシドは気が向けば絵を描き、買い物やドライブに出かけたという。ペインターとしての兄をほんとうの姿とみなす一方、音楽家としては一度ピンク・フロイドのランドハウスでのライヴに足を運んだが、楽しくなさそうで面白くなかったので二度と行かなかったと述べる。

グレアム・コクソン
Coxon, Graham Leslie

１９６９年生まれの英国の音楽家。ブラーのフロントを支えるギタリストにして、多くの作品をものするソロアーティストでもある。十代はじめ、エセックス州コルチェスター在住時に知り合ったデーモン・アルバーンとロンドン大ゴールドスミス・カレッジで再会しバンドを結成。１９９０年にブラーと改名し、翌年『レジャー』でメジャーデビュー。つづくセカンド『モダン・ライフ・イズ・ラビッシュ』で頭角をあらわし、94年の3作目『パークライフ』、翌年の『ザ・グレイト・エスケープ』でブリットポップの旗頭となるが、音楽性をめぐってアルバーンと対立。ブーム終焉とともに軌道修正を図るも、7作目『シンク・タンク』（２００３年）の制作途中で脱退する。他方、コクソンはブラー在籍時の98年には自主レーベルを設立、シドのソロ作を彷彿させる不協和なアコースティック・ギターのストロークで幕をあける『ザ・スカイ・イズ・トゥ・ハイ』（１９９８年）を皮切りに、ローファイ〜インディロック路線のアルバムをコンスタントに発表。２００８年にはデーモンと和解しブラーに復帰。２０１５年の最新作『ザ・マジック・ウィップ』では主導的な役割を担った。シドと同じくアートスクール出身であることから自作をレコードスリーヴに提供することもある。

ロブ・ディッキンソン
Dickinson, Rob

　１９９０年代に活動したキャサリン・ホイールのメンバー。アイアン・メイデンのブルース・ディッキンソンは従兄弟。90年代初頭に隆盛を誇ったシューゲイザー系としてデビューするも、多彩な音楽性を開花させ、オルタナティヴな方向へ。バンドは２０００年の『ウィッシュヴィル』をもって解散するが、その後もソロアーティストとして間遠ながら活動している。関連する作品のカヴァーのほとんどをヒプノシスが手がけており、『シド・バレット　独りぼっちの狂気』の製作をストーム・トーガソンに進言したのもディッキンソンだという。↓79ページ

ノエル・フィールディング
Fielding, Noel

　ジュリアン・バラットらとのコメディ集団「マイティ・ブーシュ」で著名なロンドン生まれのコメディアン。シュールでブラックな芸風で、スタンドアップコメディにはじまり、近年は舞台をテレビに移し、コントや司会などもつとめる。ネズミのジェラルド（「バイク」）や象に妖精、カカシやネコが出てくるからシドの歌は大好きとコメント。

ダギー・フィールズ
Fields, Duggie (1945 - 2021)

　友人、芸術家。ウィルトシャーのソールズベリー生まれ。幼少期から画才を発揮し、チェルシー・スクール・オブ・アートで学び、１９６９年にアールズ・コートに移り住んださい、フロイド脱退直後のシドと住居をシェアすることに。この場所がのちに『幽幻の世界』のジャケット写真の舞台になる。フィールズはその後も半世紀以上、シドの部屋をアトリエとして使いつづけ、ポップアートを基調に、自己言及的なモチーフをちりばめた絵画や立体作品を世界に発信しつづけた。１９８３年には資生堂が若者向け化粧品のグラフィックで彼の作品を採用し、来日もはたした。

デヴィッド・ゲイル
Gale, David

　ケンブリッジの隣人で、トッテナムコートでも一時アパートをシェアする。１９６５年の夏、彼の家の裏でシドははじめてトリップを経験。台所でマッチ箱とオレンジとプラムを何時間もじっとみつめていたという有名なエピソードを作中で披露。現在は劇作家、フリーライターを本業とする。

リビー・ゴーズデン
Gausden, Libby

　１９６１年、ともに15歳のころに出会ったシドのはじめてのガールフレンド。シドがケンブリッジに帰郷後、道端で会うことがあり、「私を憶えている」と訪ねたことも。デヴィ

ッド・ギルモアも友人。

デヴィッド・ギルモア Gilmour, David

シドと同年の友人であるギルモアは地元ケンブリッジでは十代にして名の知られたギタリストで、ローカルバンドを渡り歩くセッション・ミュージシャン的な立ち位置だったという。音楽に本腰を入れたのは１９６３年後半結成のジョーカーズ・ワイルドで、全員がヴォーカルをとるロックコンボとして精力的に活動を行い、メンバーチェンジが重なった66年には活動の場を求めてフランスへ赴くも、およそ1年、欧州大陸を転々としたのち解散。英国に戻ったギルモアはシドのサポートとしてフロイドに加入し、シド脱退後は唯一のギタリストとしてウォーターズとバンドの両輪をなした。

ギタリストとしてはスローなチョーキングやスライド、くっきりした輪郭のピッキングなど、ハデさよりもツボを押さえたプレイが目立つが、感情に訴える音の組み立て、斬新な響きなど、サウンドの探究心にも並外れたものがある。一方、歌詞は不得手で、『ウマグマ』録音時、自身のソロ楽曲の歌詞をウォーターズに依頼したところ、すげなく断られたことも。両者の確執はバンドがウォーターズの脱退後も活動継続を決定したことにより本格化。ウォーターズは新作『鬱』（１９８７年）に対して「よくできたまがいもの」と批難するも、アルバムはヒット。ギルモア体制が確立し、アルバムにともなうツアーの成功で、巨大なステージセットと荘厳な演出がともなう新生フロイドのスペクタクルなイメージが定着。２０１４年のラストアルバム『永遠』にいたる道筋を拓いた。

ソロ作に、かつてのバンド仲間と辛酸をなめたフランスの地で録った『デヴィッド・ギルモア』（１９７８年）、ボブ・エズリンのプロデュースで80年代テイスト全開の『About Face（狂気のプロフィール）』（１９８４年）、前作から22年の歳月をへて音楽家としての円熟の境地を多角的にしめす『オン・アン・アイランド』（２００６年）、本作に参加した縁で、フロイドの『永遠』に再登板したフィル・マンザネラが再々登板した『Rattle That Lock（飛翔）』（２０１５年）など。さきごろ5枚目のソロ作『Luck And Strange』の２０２４年9月のリリースが決定した。

マギ・ハンブリング Hambling, Maggi

ロンドンの美術学校時代の友人、画家、彫刻家。シドの1歳年長で、北海の荒々しい波濤を画材の量感で表現する「北海絵画」シリーズが代表作だが、チャリング・クロス・ロードの「オスカー・ワイルドとの対話」、地元サフォークの浜辺に作曲家ベンジャミン・ブリテンを顕彰して設置した「ホタテ」、18世紀の作家、社会思想家、フェミニズムの先駆者を記念する「メアリ・ウルストンクラフトのための彫刻」などの公共作品が物議をかもしがちなことでも有名。映画ではシドの色彩感覚と力強い筆づかいに言及している。

ジョン“ホッピー”ホプキンズ
Hopkins, John (1937 - 2015)

バッキンガム州生まれの写真家、ジャーナリスト、政治活動家。元は地方で技術者だったが、60年代初頭にロンドンに移り、音楽雑誌や新聞などで写真家として活動を開始。英国の60年代の都市と人と出来事を記録し、対抗文化を視覚面から下支えした。66年にはともにロンドン・フリー・スクール（ＬＦＳ）に所属するバリー・マイルズと共同で「インターナショナル・タイムズ」（ＩＴ）を創刊し、ジョー・ボイドとともにＵＦＯクラブを運営するが、67年に大麻所持で逮捕～収監。大麻は無害であり、法律がおかしいと論陣を張るも、実刑判決をうける。70年代以降は映像の社会研究の道に入る、テクニカルライターとしても活動した。

ピーター・ジェナー
Jenner, Peter

英国の音楽マネージャー、プロデューサー。１９４３年、牧師の父、労働党の国会議員だった祖父をもつ政治一家に生まれ、20歳の若さで経済学の学位を取得、ロンドン・スクール・オブ・エコノミクスの講師に任命さるも、４年後にデビュー前のピンク・フロイドをマネジメントするために退職。旧友のアンドリュー・キングらとマネジメント会社ブラックヒル・エンタープライズを設立。フロイドのほかにもＴ・レックス、ロイ・ハーパー、ザ・クラッシュ、ディスポーザブル・ヒーローズ・オブ・ヒップホップリシー、ロビン・ヒッチコック、サラ・ジェーン・モリス、フェアグラウンド・アトラクションのエディ・リーダーなどを手がけた。

同じころ、ジョン・“ホッピー”・ホプキンズ、ジョー・ボイド、ロン・アトキンス、バリー・マイルズらと語らううちに、米国流のリベラルアーツ、ヴィクトリア朝のユダヤ人フリースクールに範をとり、従来の型にはまらない教育を目的とするロンドン・フリー・スクール（ＬＦＳ）のたちあげに参画、活動資金をえようとピンク・フロイドのコンサートを矢継ぎ早に制作したことが結果的にバンドの名を売ることになり、のちにブラックヒル社がたちあげるハイドパークでのフリーコンサートの先鞭をつけることに。

シドがバンドを追われたのちは、ソロ作のサポートをつとめるとともに、バンドとの橋渡し役を担った。

アンドリュー・キング
King, Andrew

１９４８年生まれ。ピーター・ジェナーとともにブラックヒル・エンタープライズを設立。ピンク・フロイドの初期のマネジメントを担当し、シドがバンドを追われたさい、彼の側についたのは「ビジネス的に賢明な判断だった」といって相好を崩す場面が映画本編にある。１９８０年にブラックヒルが解散したのち、イアン・デューリーなどのマネジメントなどを手がけた。本編ではまた、シドが「アーノルド・レイン」の歌詞の完成に２ヶ月を要したと証言。「シドが薬物の助けをかりて名曲をすらすら書いたなんて完全にデタラメだ。簡単な芸術なんてあるわけがない」

リンジー・コーナー
Korner, Lindsay

3番目のガールフレンド。電車で知り合い、クロムウェル101番地で同居をはじめる。当時フロイドは昇り調子だったが、ドラッグのせいでシドは下り坂。彼女への攻撃性が昂じたせいで別離にいたった。

ニック・ライアード=クロウズ
Laird-Clowes, Nick

1957年、ロンドン出身のミュージシャン。デヴィッド・ギルモアがプロデュースを手がけた同名作でデビューしたドリーム・アカデミーのメンバーとして1991年の解散まで中核的な役割を担う。フロイドの94年の『対』では2曲で作詞に参加。2000年代以降は映画音楽作曲家として多くの作品にかかわっている。映画本編では、シドの音楽はエドワード朝の音楽劇とサイケデリアの橋渡し役であると指摘。

ナイジェル・レスモア=ゴードン
Lesmoir-Gordon, Nigel

少年時代の友人。音楽仲間でもあった。プロデューサー、脚本家、監督として、ドキュメンタリー『The Colours Of Infinity』（1994年）を手がける。SF作家アーサー・C・クラークが語りをつとめる本作はマンデルブロ集合とフラクタル幾何学の発展を題材にした1時間あまりのテレビ映画で、やはり幼なじみのデヴィッド・ギルモアが音楽を担当している。著書に『Introducing Fractals』（2005年）など。

ニック・メイスン
Mason, Nick

1944年、バーミンガム出身のドラマー、音楽プロデューサー。リージェント・ストリート工業大学在学中にウォーターズ、ライトと出会いピンク・フロイドの結成メンバーに。もっとも長期間バンドに在籍したメンバーとなる。ソロ名義の作品にカーラ・ブレイらとの共演によるクロスオーヴァー作『Nick Mason's Fictitious Sports（空想感覚）』（1981年）、元10ccのリック・フェンとのダブルネーム『プロファイルス－ピンクの進化論』（1985年）。プロデュース作に、半身不随になったロバート・ワイアットの初のアルバム『ロック・ボトム』（1974年）、デヴィッド・アレンとジリ・スマイスが去ったゴングの6作目となるジャズロック作『Shamal（砂の迷宮）』（1976年）、シドに来た依頼を代わりにひきうけたダムドの2作目『ミュージック・フォー・プレジャー』（1977年）など。無類の車好きで、フェラーリを中心としたカーコレクションは音楽界随一との呼び声も高い。ウォーターズとの出会いも、学生時代メイスンが乗っていた車を借りたがったウォーターズが話しかけてきたのが最初だと自著で述べている。

ゲイラ・ピニオン
Pinion, Gala

婚約者。シドの実家地下で同棲し、婚約にいたるも、両家をひきあわせる食事会の席で、シドが奇行に走り、翌日に婚約解消を宣告されるが、2日後に復縁の申し入れをうける。手元にはふたつの婚約指輪がのこったが、最終的に婚約は解消した。

オーブリー・〝ポー〟・パウエル
Powell, Aubrey

友人、グラフィックデザイナー、ヒプノシスのメンバー。1946年、サセックス生まれ。幼少期の大半を海外ですごし、ケンブリッジのキングス・スクール卒業後、バスの車掌、ウェイター、事務員など、いくつかの職につきながらロンドン・スクール・オブ・フィルム・テクニックで学ぶ。同時に、ストーム・トーガソンやピンク・フロイドのメンバーと知り合い、トーガソンとルームシェアをしていた68年に『神秘』のカヴァーデザインの依頼を受け、ヒプノシスをたちあげる。グループ名の由来は自室アパートの扉の落書き。74年にはのちにスロッピング・グリッスル、サイキックTV、コイルなどに参加するピーター・クリストファーソンがヒプノシスに加わるが、83年にグループは解散。新たにトーガソンと映像関係のグリーンバック・フィルムズを設立し、会社解散後も映像関係の仕事を手がけた。

アンドリュー・〝ウィロー〟・ローリンソン
Rawlinson, Andrew "Willow"

少年時代の友人、仏教学者。1943年に戦争孤児として生まれ、ロックンロール、ビート文学、抽象、具象を含む絵画に興味をいだいた。ケンブリッジ大で学び、ランカスター大で法華経にかんする研究で博士号を取得。著書に『The Book of Enlightened Masters』（1997年）など。「ある意味〝狂気〟は自由を維持する強い行動なのかもしれない。彼はフロイドの成功によって自由が奪われると気づいていたのかも」と作中で指摘。

ミック・ロック
Rock, Mick
(1948 – 2021)

友人、写真家。大学でケンブリッジ在住時に地元バンドの写真を撮りはじめ、66年暮れに友人づてでシドと知り合う。同じころにはじまったUFOクラブにも出入りするなかで親交を深め、『幽幻の世界』のカヴァー撮影時のセッションをはじめ、のちに『サイケデリック・レネゲイズ』（2007年）としてまとまる活動後期のシドを捉えた写真を多数撮影した。1972年には取材で知遇を得たデヴィッド・ボウイに密着し、ジギースターダスト期を記録したばかりか、ミュージックビデオの制作も手がけた。クイーン、イギー・ポップ、ルー・リード、ラモーンズなど、撮影を担当したアルバムカヴァーは3桁にのぼり、『ロッキー・ホラー・ショー』（1975年）や『ヘドウィグ・アンド・アングリーインチ』（2001年）など、映像作品のチーフフォトグラファーとしても活躍したが、自身の原点はシドであると映画本編で言明。

ジェリー・シャーリー
Shirley, Jerry

ミュージシャン、ドラマー。スティーヴ・マリオット、ピーター・フランプトンとのハンブル・パイのドラマーで、ギルモアのジョーカーズ・ワイルドのドラマーであるウィリー・ウィルソンとチェルシーのフラットをシェアしていた縁で、その角に住んでいたシドと知り合う。『幽幻の世界』『バレット』でドラムを担当し、『レイディオ・ワン・セッション』出演時はギルモアとともにシドをサポートした。1952年、ハートフォードシャー生まれ。

ノーマン・スミス　Smith, Norman
(1923 - 2008)

ハリケーン・スミスの別名でも著名なレコーディング・エンジニア。ビートルズの仕事に長年携わり、デビューまもないフロイドの『夜明けの口笛吹き』の録音を担当。アビー・ロード第3スタジオでの録音中、隣の第2スタジオではビートルズが『サージェント・ペパーズ』を録っていた。フロイドのような音楽の知識はもちあわせていなかったが、それ以上にシドが自分の話を理解してくれないことに困惑したと後年回想するも、『神秘』と『ウマグマ』にもかかわることに。

ジェニー・スパイアーズ
Spiers, Jenny

シドのふたり目のガールフレンド、元モデル。1964年のクリスマスイブに出会ったとき、シドは18歳、ジェニーは15歳。シドがベースを弾くバンドのライヴに、兄に連れられたジェニーが訪れたのがきっかけだったという。数日後、シドから熱烈なラヴレターが届いたのは本編で述べるとおり。「バイク」はスパイアーズの大きなローリー(自転車)に想を得た楽曲だという。フロイド脱退後、1972年に結成するも活動が軌道に乗らなかったスターズは、ジェニーが夫、ジャック・モンクと、トゥインクに声をかけたのがはじまり。

アンソニー・スターン
Stern, Anthony (1944 - 2022)

美術学校時代の学友、デヴィッド・ゲイルのすすめでシドと二人展(期間は1963年5月29日～6月25日。会場はTHE LION & LAMB)を開く。ケンブリッジの路上でピーター・ホワイトヘッドと出会ったことで映画の道に入り、ロンドンに移住後はホワイトヘッドの助監督をつとめながら、ドキュメンタリーや初期のミュージックビデオなどの分野で活躍。1968年に発表した実験映画『San Francisco』は「星空のドライブ」を使用した最初の映画として高い評価をえた。映画作品はほかに、69年から71年にかけての日記映画『Wheel』や『Serendipity』(1971年)など。76年には色彩と光への探究が昂じてガラス工芸作家に転じ、各国の王室や博物館、有名企業が購入する作品を多数発表したが、その40年後パーキンソン病の診断を受け、映画に回帰。自宅地下に眠っていた1963年から70年にかけて撮影した7000点にものぼるテープやフィルムリール、写真などを素材にしたドキュメンタリー『Get All That Ant?』を2015年に発表したのち、2022年に逝去した。

トム・ストッパード
Sir Stoppard, Tom

1937年、チェコスロバキアのユダヤ系の家系に生まれ、第二次大戦中にシンガポールに転居。戦火の迫るなか、英領インドに移り、終戦後イギリスへ。グラマースクール卒業後にブリストルの新聞社で働きはじめるとともに、戯曲を手がけ、1960年に『水上の歩行』を発表。ハムレットの端役を主役にすえ、不条理劇の要素を重ねた67年の『ローゼンクランツとギルデンスターンは死んだ』で劇作家としてたち、劇中劇を入れ子状にもちいた『リアル・シング』、ロシア革命以前の哲学論争を主題に、三部あわせて上演時間が9時間におよぶ『コースト・オブ・ユートピア』など、多層的な問題意識と方法論をおりこんだ作風で世界的な劇作家の地位をゆるぎないものとする。映画脚本に、テリー・ギリアムの『未来世紀ブラジル』（1985年）、原作＝J・G・バラード、監督＝スピルバーグの『太陽の帝国』（1987年）、マーク・ノーマンとの共同脚本でアカデミー賞を受賞した『恋におちたシェイクスピア』（1998年）など。シドが他界した2006年に発表した戯曲『ロックンロール』ではシドの「生」が作品の主要なモチーフになっている。

ストーム・トーガソン
Thorgerson, Storm
(1944 - 2013)

旧友、ヒプノシスの創設者、映画『シド・バレット　独りぼっちの狂気』の共同監督。ケンブリッジのハイスクールでのちのピンク・フロイドのメンバーと出会い、なかでもシド・バレットとは行動をともにすることが多かったという。レスター大学に進学し文学と哲学を専攻後、ロンドンのロイヤル・カレッジ・オブ・アートで映像を専攻。在学中に『神秘』のジャケットデザインを手がけたのを機にグラフィックデザインの道へ。68年にオーブリー・〝ポー〟・パウエルとともにヒプノシスを結成。70年にロンドンのソーホーにスタジオをかまえる。ピンク・フロイドのほかにも、レッド・ツェッペリン、ポール・マッカートニー、10cc、ピーター・ゲイブリエルなど、多数のスリーヴデザインを担当。83年のヒプノシスを解散後はグリーンバック・フィルムズを創設し、松任谷由実などのフィルムやビデオなどを手がける。2001年には東京のパルコギャラリーで個展「EYE OF THE STORM」を開催。2011年公開のドキュメンタリー映画『Taken by Storm: The Art of Storm Thorgerson and Hipgnosis』で監督をつとめたロディ・ボガワと『シド・バレット　独りぼっちの狂気』の制作途上、2013年にがんで他界した。→114ページ

スティーヴ・トゥック
Took, Steve Peregrine (1949 - 1980)

ティラノサウルス・レックスにおけるボランの初代の片割れで、1969年の『ユニコーン』までの3作に参加。この頃までにデヴィアンツやプリティ・シングスとの関係が深まり、ミック・ファレンの弁によれば、シドとの交流も生じたのだという。トゥインクの69年制作の『シンク・ピンク』に2曲を提供

するも、同年ティラノサウルス・レックスを脱退、ピンク・フェアリーズの前身バンドに一時期籍を置くも、結成には参加せず、ミック・ファレンとともにたちあげたシャグラットからファレンが抜けたことで、キャリア初のバンドリーダーをつとめた。ただし作品の多くは没後に集中し、1995年リリースの修正盤『ザ・ミッシング・リンク・トゥ・ティラノサウルス・レックス The Missing Link To Tyrannosaurus Rex』（のち『クレイジー・ダイアモンド』と改題）にはトゥックのコンガとアコースティック・ギターとシンセに、不規則なギターが加わった「シドズ・ワイン Syd's Wine」なる収録曲があり、クレイジー・ダイアモンド（Crazy Diamond）のクレジットがみえる。

ピート・タウンゼンド
Townshend, Pete

1945年、ロンドン生まれのギタリスト、シンガー・ソングライター、小説家。ロジャー・ダルトリーが音頭をとったザ・ディトゥアーズに旧知のジョン・エントウィスルの仲介で参加。バンドは64年にザ・フーと改称し翌年デビュー。サード・シングル「マイ・ジェネレーション」のヒットで名を上げ、『トミー』『フーズ・ネクスト』『四重人格』などのロック・オペラないしコンセプト作、楽器破壊をともなうハデなパフォーマンス、記録映画『キッズ・アー・オールライト』やモッズ復権につながった『さらば青春の光』などの映像作品など、60〜70年代を牽引したザ・フーの中心的な役割を担った。本編では、ザ・フーのギグを唯一サボったときのことと前置きしたうえで、エリック・クラプトンを誘っておとずれたUFOでのピンク・フロイドを回想。とりわけビンソンのエコーレック2台をもちいたシドの音づくりの特異さを強調している。ここでいうエコーレックとは50年代に市場に出たイタリア製のエコーユニットで、『ライヴ・アット・ポンペイ』（1972年）でギルモアが使用したことから代名詞的なあつかいになったが、前後関係を考えると、シドの時代の機材を居抜きで使ったと考えるべきであろう。

アンドリュー・ヴァンウィンガーデン
VanWyngarden, Andrew

1983年生まれの米国の音楽家。ベン・ゴールドワッサーとのMGMTの中心メンバーとして活動を開始し、オブ・モントリオールらエレファント6勢の前座をつとめ、マーキュリー・レヴのデイヴ・フリッドマンプロデュースによる2007年のファースト『オラキュラー・スペクタキュラー』が2000年代後半のチルウェイヴ〜グローファイの波に乗りヒット。スペースメン3のソニック・ブームとスタジオに入った次作『コングラチュレイションズ』（2010年）でサイケ度を高め、選曲を担当した翌年のミックスアルバム『レイト・ナイト・テイルズ』では、「アイ・ノウ・ホエア・シド・バレット・リヴス」なる持ち歌のあるテレヴィジョン・パーソナリティーズ、ジュリアン・コープら、シドに影響を受けたバンドの楽曲をセレクト。ジミー・ファロン司会のテレビ場組でピンク・フロイドの「ルーシファー・サム」のカヴァーを披露したことも。

ロジャー・ウォーターズ
Waters, Roger

音楽家、ピンク・フロイドの元メンバー、シンガー・ソングライター、ベーシスト。1943年、シドの実家にほどちかいロック・ロードにウォーターズ家の次男として誕生。幼少期に第二次世界大戦下にイタリアで従軍していた父が戦死。父の不在、共産党員の母の存在はウォーターズの創作に深い影響をおよぼすことになる。ケンブリッジ・カウンティ男子学校（シドは3学年下の後輩）卒業後、リージェント・ストリート工業大学に進学し、同窓のニック・メイスン、リチャード・ライトと同じ大家のもとに暮らした縁でバンド結成。三者をふくむ学生バンドのメンバーの出入りにともない、同郷のシドをひきいれたことがピンク・フロイドのはじまりとなる。65年のことだった。1968年のシド脱退後はバンドの牽引役となり、『おせっかい』『狂気』『炎』『アニマルズ』と作品を重ねるごとにその比重は増し、78年の『ザ・ウォール』ではライトを解雇するなど、創作面を完全掌握。83年の『ファイナル・カット』を最後にバンドを退くも、脱退後のピンク・フロイドの活動再開の報を受け、バンド名の使用をめぐり提訴。両者の反目は本編エンドロールで流れる2005年6月のチャーリティコンサート〈ライヴ8〉でようやく氷解したかにみえたが、2022年のウクライナ戦争でのウクライナ側の支援のため、ウクライナのロックバンド、ブームボックスのアンドリーイ・クリヴニュークをフィーチャーしたピンク・フロイドのシングル「Hey Hey Rise Up」を戦争継続を促すものと批判するなど、矛先は完全におさまったわけではなさそうである。もっとも国連安保理でのオンライン演説や、『ザ・ウォール』を政治的に敷衍する姿勢など、ウォーターズの政治姿勢にはあやうさもつきまとう。

ソロ作に、精神疾患の主人公の夢を時間軸に沿って追体験する『The Pros And Cons Of Hitch Hiking（ヒッチハイクの賛否両論）』（1984年）、電波を主題とする『RADIO K.A.O.S.』（1987年）、ベルリンの壁崩壊や湾岸戦争の時宜を得た『Amused To Death（死滅遊戯）』（1992年）、四半世紀ぶりの『イズ・ディス・ザ・ライフ・ウィ・リアリー・ウォント?』（2017年）の4作があり、いずれもコンセプト・アルバムの体裁をとることがウォーターズをロック界随一の長編作家の地位に押し上げた。

映画本編では「シドは頭のなかで渦巻いていることをほかのひとには思いつかない奇妙なかたちで結びつける」「彼は驚くようなもの同士を深い感情で結びつける」など、随所に登場し印象的な発言をのこしている。前者は作詞家としてのシドへの畏敬の念をしめす場面で、後者は似たような主旨だが、おそらくシドが触媒となることで生まれる人間関係の数奇さを示唆している。

ピーター・ホワイトヘッド
Whitehead, Peter (1937 - 2019)

映画監督。リバプールの労働者階級の出身で、奨学金をえながら学び、ケンブリッジ大学を卒業後、映画製作を開始。学生だったころの研究室で生物学史を題材に撮った1964年の短編『The Perception of Life』を皮切りに、アレン・ギンズバーグ、マイケル・ホロヴィッツ、エイドリアン・ミッチェルなどが出演する詩についての『Wholly Communion』（65年）、アンドリュー・ルーグ・オールダムのプロデュースによるローリング・ストーンズのドキュメンタリー『Charlie Is My Darling』（66年）と、60年代を中心に野心的な作品を発表。なかでも、ビーチボーイズの来英を追った『The Beach Boys In London 1966』、ピーター・ブルックの反ヴェトナム演劇の記録『Benefit Of The Doubt』、スウィンギング・ロンドンからサイケデリック期へ移行するロンドンの音楽シーンのドキュメント『Tonite Let's All Make Love In London』などをあいついで発表した67年は圧巻の充実ぶり。UFOクラブの記録映像や「星空のドライブ」のライヴなど、『Tonite～』からの引用も本作には少なくない。「シドは完璧な神であり、神は大衆に殺され、食され、生まれ変わる」という本編の芝居気たっぷりな語り口も神経質そうな風貌もあいまって強い印象を残す。

リチャード・ライト
Wright, Richard
(1943 - 2008)

ミドルセックス州ハッチエンド出身のキーボード奏者。リージェント・ストリート工業大学でウォーターズ、メイスンに出会いピンク・フロイドを結成した時点ですでに数種の楽器を習得していたという。フロイドではキーボードを担当。演奏スタイルは同時代のプログレ、ハードロック勢に較べるとひかえめながら音響感覚にすぐれ、サウンドの要になった。ヒット作を量産し、バンド活動が軌道にのった1978年には、先陣を切ってソロ作『ウェット・ドリーム』をリリースするも、ウォーターズとの関係悪化の煽りを食い、直後に制作に入った『ザ・ウォール』の録音中に解雇宣告をうける。その後、デイヴ・ハリスとのZEE名義の『アイデンティティ』（1984年）でニューウェイヴに挑戦するが、実らず、87年の『鬱』と同年スタートの世界ツアーで新生フロイドに復帰。スタジオ作への参加は1994年の『対』が最後だが、『鬱』からつづくスラップ・ハッピーのアンソニー・ムーアとの共同プロデュース（作詞も）によるソロ作『ブロークン・チャイナ』（1996年）の繊細な響きなど、忘れがたい作品をのこした。フロイドの最終作『永遠』は2008年にがんで死去したライトの追悼盤をかねている。撮影期間が死後にあたるため、映画には登場しないが、シドの2作目の録音ではライトも手伝ってくれたとのギルモアの発言がある。

ピーター・ウィン＝ウィルソン
Wynne-Wilson, Peter

友人。シドのフラットメイト。手製のギミックを加えたライティングで、UFOクラブにサイケデリックな演出を施した元照明技師。

シド・バレット読本　A Book of Barrett

2024年5月30日　初版第1刷発行

編　者　　松村正人

発行人　　樋口泰人
発行元　　株式会社boid
〒169-0075
東京都新宿区高田馬場1-7-9 サンケイマンション203
TEL 03-3203-8282 ／ FAX 03-6701-7328
www.boid-s.com

編集協力　稲葉将樹（DU BOOKS）、
白木哲也（ソニー・ミュージックレーベルズ）、
黒岩幹子、河添剛、大橋咲歩、中村未知子
装　丁　　渡辺光子（JOURNAL）

ISBN 978-4-9912391-2-0
Printed in Japan
©boid 2024 published by boid Inc.

乱丁、落丁はお取り替えいたします